TOUS
EN CUISINE

INTRODUCTION

Passionné, c'est le juste mot pour définir mon ami Bruno Verjus.
Dès notre rencontre chez un ami, éminent journaliste gastronomique,
au début des années 90,
j'ai ressenti qu'il était homme de passion
que ce soit pour les nourritures spirituelles ou terrestres,
celles que j'ai choisi d'évoquer en particulier sont les secondes
et la gastronomie.
Pas un sujet qu'il n'aborde sans l'approfondir.
Lorsqu'il se pique pour les produits, et Dieu sait qu'ils sont importants
dans la cuisine et la pâtisserie,
il goûte, teste, écoute, se documente et lit
jusqu'à en connaître davantage que la plupart des pros.

De la rencontre de chefs de tous horizons, connus
(Alain Passard, Ferran Adria, Reine Sammut...) ou inconnus,
de nos échanges lors des nombreux repas partagés,
il peaufine son savoir et sa technique culinaire
jusqu'à devenir le meilleur cuisinier amateur
que je connaisse.
La table de Bruno Verjus est une des plus prisées,
et j'y ai éprouvé parmi les plus belles émotions
culinaires de ma vie.

On touche là un autre point, la sensibilité.
En goûtant un plat, Bruno est capable de le décrypter,
l'analyser et le reproduire.
Un autre domaine dans lequel il m'a bluffé, c'est le vin.
Pendant de longues années nous avons parcouru caves,
vignobles, cavistes, restaurants à la quête des meilleures bouteilles.
Un jour, Bruno a eu comme une révélation.
Il s'est plongé dans l'univers du vin buvant toute
la littérature disponible
sur son élaboration, la vinification, la culture...
Poussant plus loin, pour aller au bout de sa passion,
il a acquis un vignoble et fait du vin, et quel vin !
Un des tout meilleur de l'appellation.

La qualité de celui-ci, son talent de communicateur, de commerçant lui a permis de l'établir comme le vin blanc le plus prisé de l'AOC.
En quelques mots incomplets, forcément incomplets, j'ai décrit le personnage de l'homme, l'ami cher qui, dans cet ouvrage, vous fait partager ses passions du beau, du bon jusqu'à l'extrême… avec beaucoup de gentillesse, de simplicité et de convivialité.

Et maintenant tous en cuisine!!!!!

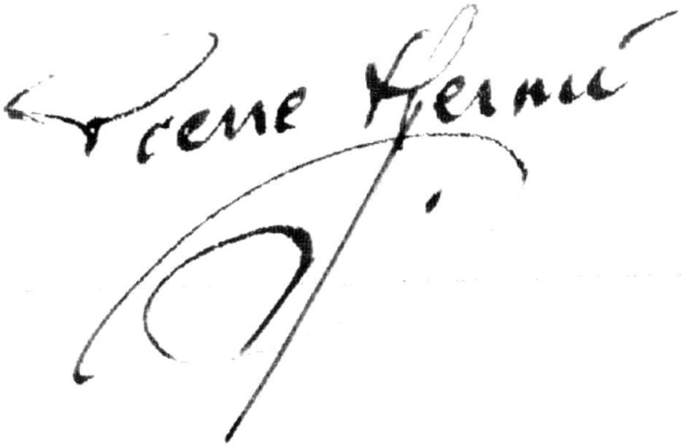

ISBN : 2-914645-73-2

BRUNO VERJUS

TOUS EN CUISINE

introduction Pierre Hermé
portraits Yann Arthus-Bertrand
reportage photographique Erick Bonnier

stylisme des photographies de recettes Geneviève Pardo
directrice de collection Frédérick. e Grasser-Hermé
conception de la couverture et de la maquette intérieure 'Yan Pennor's

Agnès Viénot Éditions
11 rue Jean-de-Beauvais
Paris V^e

Merci à Yann Arthus Bertrand
Yann est un homme de cœur et son cœur une planète : la terre. Sur sa mappemonde, les mers, les océans, les lacs y sont purs ; les grandes forêts et les terres fertiles et le ciel d'azur. YAB désormais, fait en sorte que les rêves qu'il porte dans son cœur s'incarnent en chacun de nous et nous responsabilisent à notre environnement proche. Aujourd'hui ses activités multiples n'ont qu'un seul but : modifier, à terme et en profondeur notre comportement quotidien. Faire que cette terre promise soit celles de nos enfants et enfants de nos enfants.

Merci à mon éditeur et ses équipes.
Mention spéciale pour Frédérik e. Grasser Hermé.

Merci à tous ceux qui accompagnent mon itinéraire de gourmand.

À Caroline, Victoria et Stanislas,
à René, Gladys et Jean-Michel,
à Maman Gazouille

« ho bios brakhus, hë de tekhné makra »
« L'art est long, la vie est courte. »
Premier aphorisme d'Hippocrate

SOMMAIRE

LORSQUE JE M'INTERROGE…

Lorsque je m'interroge sur le sens de ce livre, deux mots me viennent immédiatement à l'esprit: passion et culture.

PASSION, mot ambigu au sens premier « lat. passio »: mouvement, agitation de l'âme en général. Âme qui nous renvoie au mystère, mystère de la foi et passion du Christ mais aussi à Descartes et à sa tentative de classement des passions de l'âme. Dans *Le Traité des passions de l'âme* écrit en 1649 pour la Princesse Elisabeth, Descartes s'occupe des passions en général et par occasion de toute nature de l'homme, il considère ensuite les passions en elles-mêmes et en décrit six principales/primitives en quelque sorte: l'admiration, l'amour, la haine, le désir, la joie et la tristesse; suivent enfin les passions dites particulières, combinaisons des passions primitives qui sont un peu ce que sont les couleurs de la vie: associations des couleurs primaires.

Ma vie et mes quêtes sont un peu tout cela: le mystère qui conduit l'homme à se dépasser dans un désordre quasi mystique et dans le même temps et sans conflit véritable a rationaliser pour conduire sa vie à l'ultime harmonie. Introduire une part de désordre dans l'esprit de sérieux c'est y faire apparaître une dimension sensuelle: celle de plaisir.
Une grande rencontre, une grande passion de ma vie intellectuelle est Hannah Arendt. Je lui emprunte volontiers ses mots, ses idées; ses préceptes conduisent souvent mes pensées et réflexions.

Ainsi pour CULTURE, je ne peux résister à la citer puisque ses mots définissent au-delà de tout, ce que je pense, ce que je crois et ce qui me conduit à vous livrer cet ouvrage pour vous le faire partager.
« Culture signifie originellement agriculture, laquelle était hautement considérée à Rome. L'art et les choses de l'esprit sont perçus alors comme une forme de l'agriculture dans le sens ou la nature est porteuse de valeurs et que le souci de l'homme, tant par l'agriculture que par les choses de l'esprit, est de révéler ces valeurs inscrites dans la nature; de dévoiler la vraie nature des choses » *sic* – in *La condition de l'homme moderne*.

Dévoiler la vraie nature des choses. Faire partager au plus grand nombre dans l'équivalence, sans devoir se soucier d'autre chose que de savoir qu'il est Homme et qu'il bénéficie du même patrimoine « agriculturel » que tout un chacun. Offrir aux émotions et aux « choses de l'esprit » la possibilité de vous envahir et quelquefois vous déborder sous le simple stimulus d'une bouchée.

Je ne connais qu'un mot qui réconcilie ainsi art, agriculture, valeur, culture, passion, mystère, sensualité, plaisir et qui mobilise tous nos sens, c'est : cuisiner.
« *Il est bon de se souvenir que tout ce que l'on n'a pas donné aux autres c'est ce qui nous manque à la fin !* »

Je suis gourmand, je goûte les mets comme les mots. J'aime les laisser fondre doucement pour mieux en savourer le sens, les caresser d'une langue riche, les prendre par surprise ou en défaut.

Faire à manger aux hommes et aux femmes qui m'entourent inaugure pour moi un moyen assez délicat de leur donner de l'amour, tous ensemble et en même temps, sans pour autant ni risquer l'opprobre conjugal, ni surexposer ma virilité.

Parmi ces hommes et ces femmes que j'aime à nourrir il en est un certain nombre qui jalonne mon itinéraire de gourmand passionné.

S'il me fallait relier d'un mot simple et pas commun, tous ces hommes et ces femmes, s'il me fallait aussi délier le fil rouge de mes pérégrinations, il serait indiscutablement question de générosité — générosité de cœur, d'esprit et pourquoi pas d'âme.

Quels que soient les métiers qu'ils exercent, ils s'inscrivent tous dans des trajectoires convergentes. Ils sont les « passeurs » de savoirs marqués d'empreintes souvent pluricentenaires et déjà fruit de la contribution active d'hommes comme eux, aux valeurs sans doute identiques, ayant eu eux aussi le souci de les faire partager.

Ils assurent ainsi une continuité enrichie de leurs propres expériences et savoirs, éléments clés de notre évolution et très certainement initiateur de la dernière étape connue de nous-même : l'*homo sapiens sapiens* : l'homme sage deux fois. Sage de sa connaissance et sage de son humble condition de passeur.

Je vous livre les portraits d'hommes et de femmes qui ont ainsi jalonné quinze années de mon parcours de curieux et de gourmand. « Allez, tous en cuisine ».

Bruno Verjus

JEAN-LUC DANNEYROLLES

Niché sur le plateau de Saignon quelque part au-delà d'Apt, Jean-Luc incarne la « contre » culture Bio. Ce féru de latin résume à lui seul deux mille ans d'histoire.

Les champs qu'il cultive, là ou ses plantations prennent racines et nutriments, leurs sens en quelque sorte, cette terre, ce sous-sol, regorge de tessons romains. Là où les mêmes plantes et tubercules croissent au soleil, s'y exposent, le « sur » sol, supporte quand à lui diverses œuvres plastiques et musicales de la composition du même Jean-Luc.
Ainsi, agriculture et culture sont aussi une seule et même chose chez Jean-Luc Danneyrolles, nous dévoile, à sa manière, sa vraie nature des choses.

Jean-Luc possède un sens propre et très figuré de la propriété. Ainsi, alors qu'il m'avait invité en famille à lui rendre visite un été sur ses terres, pour la première fois, et alors qu'un enfant au bout de chaque bras j'atteignis sa maison, il me rappela immédiatement à l'ordre. M'expliquant que du bout du petit muret de pierre en passant par le bord de la route et en revenant par les deux cyprès, là-bas, c'était chez lui. Compte tenu de ma position géographique de l'instant j'avais bien franchi la limite entre sa propriété privée : chez lui et sa propriété publique : ses jardins, justement là ou il m'avait convié de venir le visiter.
Cette leçon de chose eut le mérite de sa brièveté et de sa clarté. Elle me vit garder ma réserve et tout en devisant et visitant avec lui ses jardins « publics ». J'intégrais son imperium et comprenais qu'on ne peut pas parcourir à la vitesse moderne, ma vitesse d'homme d'affaires, ce qu'il avait acquis lui au long de lourds et fastidieux labeurs. Le droit de pénétrer plus intimement ses jardins secrets ne pouvait s'acquérir qu'au fil du temps de l'apprentissage et de l'initiation.

MARIE JO HENNEQUIN

Chez les Hennequin on « maraye » de père en fille. Marie Jo barre cette poissonnerie, « show room » du savoir faire ancestral de la famille Hennequin et de son père Gaston.

Imaginez ce que peut être le lieu de vente de l'un des meilleurs et très important mareyeur français dans son fief vendéen de l'Île d'Yeu. C'est tout simplement magique. Les poissons dits « modestes » comme le maquereau, le lieu jaune, le merlan ou le très simple tacaud côtoient d'autres espèces plus chics et racées comme des turbots mâles de douze livres pêchés à la ligne ou des soles grosse d'un kilo et demi et autre Saint Pierre aux ventres plats mais larges d'épaules. Tout cela sans qu'aucun n'ait quoi que ce soit à envier ou reprocher à l'autre.
Des grosses langoustines d'épaves aux ventres rouge fer d'avoir trop paressé sur des tôles de navires sombrés, s'ébattent vaillamment au côté de jeunes demoiselles homard qui tarent presque un kilo. Offertes, il faudra les manger juste à peine saisies en elles-mêmes.

Moi, chez les Hennequin, je suis comme au spectacle. Cet authentique conservatoire de la mer et du poisson me donne envie de tout manger et de tout acheter. D'ailleurs je réserve la part belle à ces poissons et crustacés dans mes recettes.
Nous devons néanmoins nous interroger sur le développement durable de ces beaux

poissons sauvages. D'abord la volonté politique de faire presque disparaître nos pêcheurs français. Ces gardiens de la qualité et de la perpétuation des espèces par leurs prélèvements « artisanaux », au gré de fortunes ou infortunes de pêches. Ensuite l'abandon progressif des pêches de qualité au profit de pêches industrielles ravageuses. Tirant vers le bas et même vers le fond du fond de la mer, pour y exploiter des poissons au nom imprononçable et tellement laid qu'ils ne peuvent être présentés en « grande » surface qu'au travers de transformations indignes, pour aboutir à des produits « bio-regardables » comme le surimi par exemple.

Comme mon camarade Yann Arthus Bertrand, m'y encourage par son militantisme de tout instant et de qualité pour le développement durable de notre belle terre, faisons en sorte de continuer à défendre la pêche française et ses pêcheurs de petits bateaux pour que nos enfants et petits enfants puissent encore savoir qu'un poisson n'est pas rectangulaire et pané et qu'il reste encore des poissons pas nés mais à naître.

ANSELM KIEFER

C'est à Venise au musée Correr pour l'exposition *Himmel-Erde* que je découvris pour la première fois la peinture d'Anselm Kiefer.
Ce jour d'octobre 1997, j'ai pris en pleine figure un gigantesque tableau au titre éponyme de l'exposition – *Himmel-Erde/Ciel – Terre* représentant une pyramide comme une tour de Babel. J'ai vécu un choc artistique. J'ai été submergé par quelque chose d'irrépressible dont la nature véritable m'échappait et que je n'ai pu traduire autrement que par des larmes. Pas des larmes normales, des larmes inconnues, chaudes, plutôt amicales, des larmes comme pour laver mes yeux pour voir et encore mieux voir ce tableau de mes yeux rendus vierges.
Quelques années plus tard, je visitais avec ma femme Caroline une exposition au musée des Beaux Arts de Londres. *Summer Paintings* exposait identiquement peintres connus et inconnus anglais et contemporains et quelques peintres étrangers. Nous déambulions le nez en l'air, au fil d'une exposition volontairement confuse, tenant d'une vente aux enchères, lorsque je m'arrêtais, souffle coupé, devant une toile d'assez grande taille, totalement kabbalistique, affublée d'un avion en plomb. Tout en feuilletant frénétiquement le livre de l'exposition j'en comprenais aussi le sens : tout était à vendre. Je décidai de me porter immédiatement acquéreur de cette toile. Je ne regardais plus rien, devenu en quelque sorte aveugle aux autres toiles, et ne pensais qu'a me précipiter vers le bureau d'achat, tout en cherchant son numéro dans l'inventaire.

L'exposition traversée au pas de course, j'allais atteindre le bureau, lorsque je m'aperçus que cette toile était d'Anselm Kiefer, peintre invité, et qu'uniquement celle-ci n'était pas à vendre. Passé l'instant de découragement, j'ai profité de cette leçon qui valait pour moi plus que tout : du choc émotionnel de Venise lavant mes yeux pour mieux y voir à l'aveuglement de Londres pour n'y avoir rien vu.

Comme un pied-de-nez à tout cela, je découvrais un peu plus tard Daniel Arasse, auteur d'un des plus beaux livres sur Anselm Kiefer intitulé tout simplement ANSELM KIEFER. (Daniel Arasse est l'auteur d'un magnifique livre d'intelligence pure sur la peinture, *On n'y voit rien*.)

ALAIN PASSARD

J'éprouve pour Alain Passard plus qu'une grande admiration, comme une addiction. Je ne peux pas encore dire qu'il est mon ami, nos relations s'établissent avec une lenteur consentie et assurée. Nous prenons en quelque sorte le temps de notre amitié, comme pour la mieux savourer.

Nascuntur poetae, fiunt oratores, cette maxime attribuée à Cicéron « on naît poète, on devient orateur » est parodiée par Brillat-Savarin, dans les aphorismes qui précèdent sa *Physiologie du goût* : « On devient cuisinier, mais on naît rôtisseur » s'applique parfaitement à Alain. Le maître absolu des flammes et des cuissons. Sa maîtrise, son expertise font de sa cuisine un art mobilisant tous nos sens. Sa grand-mère, formidable rôtisseur, l'a aussi initié par mithridatisation. Alain, passeur de son savoir, en a fait de même avec ses « élèves ». Certains sont les chefs les plus talentueux de la jeune génération et notamment Pascal Barbot, chef de l'Astrance.

Alain Passard cultive l'Arpège avec le même soin qu'il prodigue à ses jardins potagers de Fillé sur Sarthe. Sa créativité s'épanouit et se précise dans l'épure de ses légumes. L'audace du juste et du simple nous révèle bien plus que l'expression du talent d'un grand chef. Nous touchons ici à la grâce, matinée d'un supplément d'âme. Elle rend humble et heureux celui qui communie. Il y a quelque chose de mystique dans la cuisine d'Alain, y goûter ne vous laisse pas indemne de vos croyances et convictions. Sa cuisine est habitée, elle mobilise tous nos sens. C'est un véritable art que d'y parvenir ; dans la grande cuisine il est l'un des rares qui y satisfasse.

Alain me fait penser à Giacometti, il en a le physique sec et droit. La même obsession d'aller trouver dans la matière, l'essentiel : ôtant tout ce qui pourrait en obérer le sens.

Alain m'a donné l'équilibre du juste, il m'a appris à ne pas faire le geste de trop. Faire la cuisine, pour un amateur en tout cas, fait que l'on est trahi par l'envie, le besoin de bien faire et cela se traduit souvent par faire trop (tôt, cuit, riche, salé) et la plupart du temps mal.

L'audace ne réside pas dans le trop mais dans le juste : l'une des voies de la créativité c'est aussi l'absolue nécessité de rester à l'essentiel.

Ingrédients
400 g de pissenlits sauvages
40 g de lard gras
2 œufs de canne
(pour ceux qui vivent
à la campagne) sinon
de poule
2 gousses d'ail
1 cuillère à café et demi
de vinaigre de xérès
4 cuillères à soupe de
vinaigre de vin
(2 seront utilisées pour
déglacer les lardons)
5 cuillères à soupe d'huile
d'arachide
3 pincées de fleur de sel
poivre Sarawak du moulin

Matériel
1 couteau effilé et
bien aiguisé
1 grand bol inox
1 poêle antiadhésive

Vins
Morgon, Marcel Lapierre
Morgon vielles vignes,
Breton

SALADE DE PISSENLITS, ŒUF MOLLET DE CANNE, LARD FRIT

Le pissenlit des premiers frimas cueilli au près. Celui qu'enfant on n'aime pas et qu'il faudra pourtant mâcher sous le regard vigilant de ses parents. C'est ce même pissenlit qu'aujourd'hui je goûte avec délice.

Progression

Nettoyer les pissenlits en ôtant les racines, les laver à grande eau deux ou trois fois. Égoutter et réserver cette salade au réfrigérateur au moins 4 heures avant de la manger.

Pour préparer la vinaigrette, écrasez les gousses d'ail avec leur peau du plat de couteau. Dans le bol inox mettre le sel, le poivre, les vinaigres, l'ail débarrassé de sa peau puis l'huile. Remuer le tout.

Couper le lard en morceau de taille moyenne et les faire rissoler dans la poêle jusqu'à ce qu'ils soient parfaitement dorés et croustillants. Déglacer au vinaigre en dehors du feu. Attention au retour de flamme et à la projection de graisses.

Ajouter la moitié de la salade bien sèche dans la poêle contenant les gratons (nom que l'on donne à ces lardons poêlés) le reste de chaleur résidente fera « tomber » la salade.

Faire cuire les œufs mollets pendant 6 minutes. Les passer sous l'eau froide pour les écaler et les couper en deux.

Mettre l'autre moitié de la salade dans le saladier puis ajouter le contenu de la poêle, bien mélanger. Débarrasser l'ensemble dans un beau saladier de service ou des assiettes et poser les œufs sur le dessus.

Image
première fleur de pissenlit
après l'hiver

Ingrédients
1 paquet de penne (de marque Martelli, di Cecco, Setaro, Viello, Rustiquella, Barilla)
8 belles grosses tomates cœur de bœuf ou de collections « de variétés anciennes »
4 jeunes courgettes jaunes ou vertes
quelques pâtissons et jeunes aubergines
1 branche de céleri
1 bel oignon
1/2 piment frais épépiné
1 citron de Menton
quelques feuilles de persil, de livèche, de sauge,
fleur de sel
huile d'olive

Matériel
1 couteau effilé et bien aiguisé
1 zesteur
1 presse agrume
1 grande casserole ou cocotte en fonte
1 planche à découper
film alimentaire

Vins
Cornas, Thierry Allemand
Saint-Joseph, Sainte Epine, Romaneaux Destezet

Image
tomates Mirabelle

PENNE À REBOURS

C'est une nourriture d'enfant ou de jour de farniente. Cette recette est inspirée de l'histoire d'un moulinier disposant de la seule eau de végétation de ses légumes pour nourrir la cuisson de ses pâtes. Face à cette bravade, il me vient l'idée de citer cette belle formule italienne : se non è vero è ben trovato – *si ce n'est pas vrai, c'est bien trouvé.*

Progression
Faire doucement chauffer l'huile d'olive, environ 4 cuillères à soupe. Trancher l'oignon en petit morceau ou le passer la mandoline et le faire tomber dans l'huile de façon à le rendre translucide et gourmand.

Préparer les légumes et les herbes en les coupant grossièrement en morceaux ; veiller à garder environ 1/4 de ces ingrédients pour la fin de la recette.

Verser les pâtes et les nacrer comme pour un risotto. Mouiller avec les tomates coupées en dés et leur jus. Au fil de la cuisson nourrir les pâtes avec les légumes en morceaux. Ne jamais cesser de mélanger. Ajouter le demi-citron coupé en morceau avec la peau et une partie des herbes. L'amidon des pâtes va lier le jus et le crémer.
Si vos légumes ne contiennent pas assez d'eau de végétation, vous pouvez détendre les pâtes avec un peu d'eau tiède.

Lorsque les pâtes sont « al dente » couper le feu et ajouter une partie des légumes crus, aiguiser le goût avec le jus du demi citron et rectifier en sel. Attention, ce plat demande beaucoup de sel, on a le sentiment qu'il n'est jamais assez salé jusqu'au moment ou il l'est trop.
Il est donc préférable de prévoir un peu de fleur de sel sur la table pour le goût de chacun.

Servir avec une belle huile d'olive sur table (Ravida). On peut manger tiède.

On peut aussi faire ces pâtes avec quelques légumes trouvés selon son inspiration : pomme de terre, artichauts, grosses aubergines, par exemple. Ce plat peut prendre un côté encore plus méditerranéen en lui ajoutant ail, basilic et quelques olives… et un peu de parmesan.

Pour les pâtes, celles de la région des Abruzzes sont souvent formidables compte tenu de la qualité de l'eau et des blés durs de cette région. Les pâtes aux œufs de Rustiquella sont très bien et les pâtes sèches de chez Barilla aussi.

CHOU FLEUR GRAFFITI COMME UN COUSCOUS

Ingrédients
1 chou fleur graffiti
quelques petits navets, carottes jaunes, blanches ou roses, courgettes, radis…
gros sel gris, fleur de sel
huile d'argan
1 citron jaune
raz el hanout

Matériel
1 couteau
1 bol inox
1 grande casserole
1 cuit vapeur
1 robot coupe
papier absorbant

Vins
Grange des Pères blancs, Vaillé, Grande maturité, vin du sud, vin oxydatif et frais
Collioure « le blanc du Casot », Casot des Maillole
Surpuissance, épices douces, raisin confit, presque oriental

Progression
Prendre les sommités d'un chou fleur graffiti en retirant tiges et côtes. Les plonger 2 minutes dans l'eau bouillante salée (le chou doit rester assez ferme : croquant). Les rafraîchir immédiatement dans de l'eau glacée, les égoutter, les sécher et les mettre dans le bol mixer du robot coupe. Faire tourner rapidement afin d'obtenir des grains de la taille et de la consistance d'un couscous. Assaisonner d'un trait de citron, de fleur de sel de l'huile d'argan.
Éplucher quelques petits légumes : navets, carottes jaunes, blanches ou roses, courgettes, radis… et les cuire à la vapeur de façon à les garder croquants. Les couper selon leur forme, en long, en quartiers ou en lamelles.
Disposer le couscous de chou fleur dans des petites coupelles, l'agrémenter de légumes vapeurs. Arroser de quelques gouttes d'huile d'argan, ajouter un peu de fleur de sel et de raz el hanout.

On peut donner à cette entrée, mise en bouche ou même plat un côté moins typique en remplaçant l'huile d'argan par quelques gouttes d'huile d'olive et en supprimant le raz el hanout.

LOMO DE SANGLIERS SAUVAGE, CHOUX CROQUANTS

Ingrédients
2 filets mignons de jeune sanglier
4 belles feuilles de chou
50 g. de beurre cru demi-sel
2 pincées de fleur de sel
1 cuillère à soupe d'huile d'olive
1 tour de moulin à poivre
gros sel gris de mer

Matériel
2 poêles antiadhésives
1 grande casserole
1 couteau effilé et bien aiguisé
1 diapason
papier absorbant
papier aluminium

Vins
Château Haut Marbuzet, Saint Estèphe
Château Angélus, Saint Emilion
Cotie rôtie, vielles vignes, Tardieu Laurent

Nous avons tous autour de nous un camarade chasseur, le mien se prénomme Antoine. Il se trouve que c'est aussi un homme de goût et l'un de mes grands frères. J'ai eu l'occasion d'improviser chez lui, la cuisson de ce fameux morceau de sanglier et d'en imaginer, plus tard, l'accompagnement.

Progression
Blanchir pendant 2 minutes les choux dans une grande casserole d'eau bouillante salée. Les égoutter et les refroidir immédiatement dans de l'eau glacée, égoutter à nouveau.
Chauffer une poêle avec l'huile. Dans la poêle bien chaude, déposer les filets de sanglier. Cuire à feu vif pendant 4 à 5 minutes pour rôtir toutes les faces des filets, de manière a « fermer » la viande. Laisser les filets reposer au moins 10 minutes dans la poêle recouverte d'une feuille d'aluminium.

Dans l'autre poêle faire mousser le beurre cru de façon à « embeurrer » les choux et les réchauffer légèrement.
Trancher le filer en tranches de 3 cm d'épaisseur environ. Il doit être rouge/rosé en son centre. Dresser environ 3 tranches par assiettes puis ajouter les feuilles de choux tranchées. Rectifier en sel, donnez un tour de moulin à poivre et servir.

Ingrédients
1 belle côte de bœuf ou de vache de 1,5 à 2 kg
gros sel gris

Matériel
1 couteau effilé et bien aiguisé
1 plaque de four
1 grande poêle
1 planche à découper
film alimentaire

Vins
Saumur Champigny, Château Yvonne
Le cabernet franc mûr dans son expression de petits fruits rouges, framboise
Château Seguin, Pessac Léognan
Fleurie ultime, Metras
Côte du Rhône, la mémé, Domaine Gramenon

CÔTE DE BŒUF COMME ON L'AIME EN FAMILLE

Progression

Le plus important de la recette c'est l'achat de la côte de bœuf ou de vache. Vous devez avoir l'œil aiguisé et savoir peser comme un maquignon le train de côte chez votre boucher. Que la bête soit limousine, de maine-Anjou, blonde d'Aquitaine, de Coutancie, charolaise, normande, parthenaise, ou plus rustique comme l'aubrac, la gascone ou la salers, ou bien étrangère comme la siementhal, la viande doit être persillée selon les critères de sa variété et avoir été bien élevée.

Surtout ne mettez la viande au réfrigérateur après son achat (le matin pour le soir au plus tard). Sinon, réservez-la au frigo bien sûr mais faites en sorte de l'en sortir au moins 4 heures avant la cuisson.

Disposer une grande poêle sur le feu et pigmenter d'un peu de sel gris. Allumer votre four sur 220 °C. Lorsque le sel crépite dans la poêle, installer votre côte avec la main. Vous utiliserez une fourchette à piquer nommée diapason un peu plus tard, uniquement pour piquer dans le gras, jamais dans les chairs – pour ne pas risquer de faire couler le précieux jus.
L'objectif de la cuisson à la poêle est de « fermer » la viande. Il faut retourner la viande très souvent (2 à 3 fois par minute) jusqu'à obtention d'un beau grillé croustillant. Cela prend environ 7 à 8 minutes. La poêle doit être à 150 °C et votre viande doit cuire à 120/125 °C.

Ensuite enfourner votre côte sur la plaque du four et arrosez-la du gras contenu dans la poêle. Jeter le reste de sel.
Cuire au four 5 minutes par côté, vous retourner la côte une seule fois en prenant bien soin de ne pas la piquer dans les chairs. Éteindre le four et laisser reposer 20 minutes four ouvert.
Servir à vos convives un peu de tous les morceaux de la côte, près de l'os, gras, filet, cœur, etc.

J'aime aussi faire la cuisson des côtes à la poêle. Compter environ 20 minutes (en fonction de l'épaisseur). Il faut retourner la côte très souvent, la laisser ensuite reposer 20 minutes dans la poêle, dans un four chaud, porte ouverte.
À Parnay, nous cuisons les côtes dans notre cheminée. La cuisson est encore plus simple. Préparer un bon feu de bois 2 ou 3 heures avant. Fermer la côte sous des braises bien vives. Retournez-la assez souvent en prenant soin d'attendre 2 ou 3 minutes avant la première manipulation pour éviter que la viande n'attache à la grille.
Ensuite tirer quelques braises pas trop vives sous la viande et la cuire en dehors du feu proprement dit. Les braises vont rôtir la viande et la chaleur de la cheminée va opérer comme celle d'un four Les temps de repos après cuisson se font au bord de la cheminée et sont les mêmes, soit une vingtaine de minutes.

Ingrédients
1 filet de 400 g de thon rouge
3 radis verts
2 cuillères à soupe de soja
2 cuillères à soupe de citron vert ou de Yuzu

Matériel
1 couteau effilé et bien aiguisé
1 mandoline japonaise (rouge)
papier absorbant

Vins
Bourgogne blanc « Bigote » 2002 du domaine de Chassornay
Vin du pays de l'Ardèche, Romaneaux Destezet

SASHIMI DE THON, RADIS VERT COMME UN WASABI

Je me souviens précisément du jour ou j'ai visité le marché aux poissons de Tokyo pour la première fois. J'assiste par hasard à la vente aux enchères de thon frais juste débarqué du bateau : des thons rouges énormes, tendus et vifs comme des obus à la Méliès, ceux pour allez dans l'œil de la lune.
Un homme placé juste à côté de moi se porte acquéreur d'un gros thon de trois mètres. Je le suis jusqu'à sa boutique située en plein marché. Magique de les voir lever les filets de ce thon rouge à deux avec un couteau d'au moins un mètre cinquante.
À chaque incision la réflexion précédait l'action, la lame était essuyée et tranchait de nouveau. Un respect du produit incroyable.

Progression
Débiter le filet de thon en sashimi, soit en fines lamelles de thon. Râper les radis verts à la mandoline japonaise ou les couper au couteau en tranches puis ensuite en bâtonnets très fins.
Dresser environ 6 tranches de thon par assiette puis ajouter les radis en bâtonnets. Assaisonner d'une cuillère à café de soja et d'une cuillère à café de citron vert.

Image
thon rouge de Méditerranée

FRÉDÉRIK E. GRASSER-HERME

FEGH comme une sage femme sait accoucher son prochain en ce qu'il porte en lui de meilleur. En ébullition permanente, elle nourrit perpétuellement ses goûts et ses couleurs. Pour cela elle sait en toute occasion extraire la substantifique moelle de ceux et ce qui l'entoure.

Frédérick aborde le goût avec une très grande ouverture d'esprit, d'enthousiasme et de sincérité. Elle sait faire fi des tabous et idées reçues ou culinairement correctes pour révéler à ses contemporains des terroirs mentaux jusqu'alors en jachère.
Ainsi, lorsqu'elle écrit « la cuisinière du cuisinier » en référence et hommage au grand homme qu'est Alain Ducasse, elle invente une nouvelle façon de faire faire la cuisine à la ménagère en lui proposant des recettes limpides et intelligentes de telle sorte qu'au-delà de proposer une recette elle en fasse partager le sens et l'esprit. Ce livre est pour moi un modèle du genre et je fais en sorte que celui que je vous livre ici en soit un digne enfant.
FEGH, femme de la génération 69, sait aussi provoquer: *Mon chien fait recette*, livre de cuisine pour maître et son chien est bien plus qu'une incartade branchée « foodineuse » comme beaucoup l'ont cru. Ce véritable livre de cuisine aux recettes tout aussi délicieuses et efficaces que les jeux de mots qu'il contient est aussi un coup de croc à la société de consommation qui communique identiquement pour une boîte d'aliment pour chat, un parfum « Oh my dog » et une barquette de bouffe toute prête pour hommes et femmes pressés. *Last but not least*, je livre encore un petit jeu de mots qu'elle et moi affectionnons tant: une boîte pour Shah ça a été pendant très longtemps du caviar de beluga albinos, non?

Frédérick met du souffle dans tout ce qu'elle entreprend et lorsqu'elle se penche sur les produits vendus en grande surface elle publie *Délice d'initiés* sorte de mise au goût du *junk food*.
Femme sous pression, Frédérique E. Grasser Hermé, cuisinière à la vapeur et sans reproche vient de révolutionner la pratique quotidienne de la cuisine moderne. Pour cela elle a revisitée, au travers de son nouveau livre *Cocotte, le bon usage de l'autocuiseur*. Elle en a inventé l'esprit.

Ah j'oubliais encore un ou deux détails, FEHG est l'une des meilleures cuisinières que je connaisse et elle m'a tout appris, mais vous savez comment sont les élèves: ils n'ont souvent que la reconnaissance du ventre.

Ingrédients
16 asperges vertes assez grosses
4 œufs de poules
40 g de parmesan de vache rouge
20 feuilles de persil plat
gros sel gris de mer
huile d'olive d'Alex Nember
Maldon sea salt
1 tour de moulin à poivre

Matériel
1 couteau effilé et bien aiguisé
1 rasoir à légume
1 grande casserole
1 petite casserole
1 mandoline japonaise
1 grand bol inox
papier absorbant

Vins
Vin de table grenache, Mazières
Chinon blanc, Clos des Roches, Lenoir
L'expression assez rustique du chenin sur argilocalcaire, belle minéralité et fraîcheur.

Image
hommage aux couleurs du printemps

ASPERGES VERTES À L'ŒUF CASSÉ, PARMESAN DE VACHE ROUGE

Le mois de février nous autorise une version « plus festive » de cette recette : râper en fines lamelles les dernières truffes (tuber melanosporum) dites rabasses dans le Lubéron, sur les premières asperges du même Lubéron et l'œuf. Elles lui feront belle escorte.

Progression
Nettoyer les asperges en épluchant les pieds avec un rasoir à légume. Ne pas les laver. Ôter à ces asperges environ 4 cm de tige côté terre — ce qui vous paraît dur, ligneux.
Œufs mollets
Faire bouillir une casserole d'eau, à ébullition y plonger les œufs (à température) pendant 6 minutes exactement. Rafraîchir immédiatement les œufs et les écaler.
Asperges
Faire chauffer l'eau jusqu'à ébullition dans une grande casserole. Il est important de disposer une grande quantité d'eau bouillante car la « masse froide » constituée par les asperges que l'on va y plonger ne doit pas trop faire baisser la température. Saler l'eau à ébullition avec le gros sel gris.
Plonger les asperges et les cuire 5 minutes maximum, les sortir de l'eau bouillante et les frapper très vite sous l'eau glacée, sans pour autant les refroidir complètement (il faut juste les tiédir).
Mise en place :
Couper le parmesan en fines lamelles (au rasoir à légume ou mieux à la mandoline).
Préparer des feuilles de persil plat, les laver et sécher.

Dresser 3 belles asperges par assiettes et une quatrième sur les trois autres, vous obtiendrez ainsi le petit nid pour loger l'œuf ! Parsemer de feuilles de persil plat et de morceaux de parmesan. Assaisonner de quelques gouttes d'huile d'olive. Donnez un tour de moulin à poivre, poser l'œuf mollet sur les asperges et l'ouvrir de la pointe d'un couteau effilé, le jaune coule : il faut servir immédiatement.

La seule difficulté de cette recette réside dans le fait qu'il faut une bonne mise en place (préparation) pour servir l'ensemble juste tiède. Je raffole de cette entrée.

Sachez que boire du vin sur des asperges, de l'artichaut, des betteraves est un exercice plus que difficile. J'aime ajouter à ce plat quelques herbes et fleurs, comme la bourrache ou fleurs de roquette.

Ingrédients
1 filet dans le dos de cabillaud pour environ 900 g d'un seul morceau
1/2 jus de citron jaune
2 cuillères à soupe d'huile d'olive
4 belles pommes de terre à chair ferme
1 bouquet de persil
un peu de Maldon sea salt
1 cuillère à café de piment d'Espelette en poudre

Matériel
1 couteau effilé et bien aiguisé
1 casserole
1 grande poêle
papier absorbant

PAVÉ DE CABILLAUD RÔTI, PATATE ÉCRASÉE DE PERSIL

Progression
Cuire les pommes de terre à la peau dans de l'eau salée. Les dérober.
Effeuiller le persil pour avoir au moins vingt feuilles par personne.

Découper juste avant de le cuire le cabillaud en 4 gros pavés. Faire frémir à peine l'huile dans une grande poêle. Poêler le cabillaud sur la peau au petit chant. Il doit grésiller tout doucement. Veiller à bien le dorer mais à ne pas trop le cuire. Les « pétales » du cabillaud doivent rester bien solidaires les uns des autres et d'un blanc nacré. On peut tout à fait accepter de manger un cabillaud dont le « cœur » du filet serait à peine cuit. En tout cas je préfère cela à un poisson trop cuit.
Donc, lorsque votre cabillaud est cuit, couper le feu. Laisser ainsi reposer dans la poêle pendant cinq minutes avant de servir.
Cela nous donne le temps de préparer les assiettes et de les tiédir.

Écraser, au moyen d'une fourchette, une pomme de terre par assiette avec les feuilles de persil plat. Poser le pavé de cabillaud au côté de cette « purée ». Dispenser quelques gouttes d'une belle huile d'olive, quelques paillettes de Maldon sea salt, du piment d'Espelette si vous l'aimez. Servez.

J'aime aussi servir ce plat avec des feuilles de bettes à peine tombées dans une poêle avec de l'huile d'olive et du sel comme le fait la belle Raquel au Baratin.

Image
botte de persil plat,
petroselinum chrispum

LIÈVRE À LA ROYAL POUR DEUX FRÈRES DE SANG...

Ingrédients
Pour deux frères de sang
1 beau gros lièvre coupé en gros morceaux avec son sang, à défaut du sang de cochon amené en ambulance.
500 g de crépine
17 échalotes grises
3 bouteilles de vin rouge (Chinon de Lenoir par exemple)
1 beau bouquet garni (thym, céleri branche, persil plat avec queues, vert de poireau)
13 gousses d'ail de Lautrec
1 énorme carotte jaune du Doubs
1 gros oignon doux de Saint André
200 g de lard gras de Lardo Tipico di Conca de Fausto Guadagni Larderia Colonnata
7 grains de genièvre
1 petite botte de fleur de thym

Sauce
le foie, attention au fiel si vous le percez, il serait amer, les poumons, le cœur et les rognons du lièvre)
5 échalotes
4 gousses d'ail
10 cl de sang du lièvre ou celui d'un cochon juste saigné...

Inoubliable après 6 heures de préparation et cuisson et avant deux heures de sieste.
Merci FEG pour cette somptueuse recette que tu réalises pour Pierre et moi au moins une fois l'an.

Compter une bonne journée de travail.

Primo : Rincer la crépine à grande eau, faites-la tremper dans l'eau froide le temps de préparer la suite,

Secundo : Pelez les échalotes et gardez-les entières,

Tertio : versez le vin rouge dans une marmite, portez à ébullition, flambez, attention au retour de flamme.

Que la fête commence.

Préparer le bouquet garni, ficelez-le solidement. Pelez les gousses d'ail gardez-les entières, hachez grossièrement la carotte et l'oignon.

Hachez (au hachoir à viande électrique grille très fine ou à la moulinette à main selon votre équipement) foie, poumons, cœur, rognons du lièvre et en même temps : échalotes, ail. Garder ce hachis aromatique dans une boîte hermétique au frigo. Mélangez le sang et la crème, conservez dans une boîte hermétique au frigo. Concassez les grains de genièvre. Prélevez les fleurs de thym, réservez-les.

Passez le foie gras au travers un tamis fin, gardez-le en attente tel quel sans le tasser dans une boîte hermétique au frigo.

Posez tous les morceaux de lièvre sur le plan de travail, salez, poivrez, genièvrez, saupoudrez-les de fleurs de thym réservées à cet effet puis emballez chaque morceau assaisonné dans la crépine essorée. Maintenez fermé avec un pic en bois.

Déposez au fond d'une énorme cocotte de fonte Staub la garniture aromatique carotte/oignon, le bouquet garni, les échalotes, l'ail. Rangez les morceaux de lièvre dessus.

Cuisson
Salez, poivrez, mouillez avec le vin flambé, couvrez et enfournez dans le four préchauffé à 170 °C th 5-6 pour 6 heures Vérifiez régulièrement ce qui se passe, le vin ne doit absolument pas bouillir, il doit à peine frémir... (ne faire seulement des petites bulles).
Au terme de la cuisson récupérez les échalotes et les morceaux de

10 cl de crème liquide
50 g de foie gras
3 traits de cognac
sel poivre de Sarawak
suffisant au moulin

Vins
Vosne Romanée monopole
« clos goillotte »,
Prieuré Roch
Racé et élégant,
le pinot dans toute sa
complexité et sa finesse
Château Trotanoy, Pomerol
Château Lafleur, Pomerol

lièvre, dépiautez grossièrement les chairs, ôtez tous les os afin qu'il n'en reste plus un. Déposez le lièvre dans une seconde cocotte sur laquelle vous poserez d'abord un linge humide et bien essoré. Puis remettez le couvercle. Gardez en attente.

Filtrez le liquide de cuisson au travers une passoire dans une casserole en appuyant pour exprimer tous les sucs. Laissez tiédir et retirez la couche de gras.

Versez le hachis foie, cœur, poumons, rognons du lièvre avec ail et échalotes dans une terrine. Mouillez le hachis avec une louche de liquide de cuisson filtré froid, fouettez. Ajoutez à nouveau une louche de liquide de cuisson du lièvre, fouettez à nouveau, puis réservez le contenu du saladier dans la casserole ou se trouve le liquide de cuisson. Faites mijoter à feu très doux 1 heure.

Passez la sauce au chinois ou à travers une passoire fine en appuyant pour exprimer tous les sucs. Remettez sur un feu doux et laissez la sauce réduire encore un peu et se dépouiller pendant 15 minutes en retirant à l'écumoire les impuretés qui remontent à la surface. Réservez en attente tel quel.

Finitions
Mesurez 30 cl de sauce dans une petite casserole, ajoutez-y le mélange de sang et crème réservé précédemment ainsi que le foie gras tamisé.

Versez le restant de sauce dans la cocotte où attendent les morceaux de lièvre dépiautés Réchauffez-les doucement à couvert.

Lorsque le lièvre est chaud, mettez la casserole de sauce sur un feu doux et faites-la chauffer et épaissir en remuant. Terminez avec un filet de cognac et rectifiez l'assaisonnement.
(Remarque : la difficulté pour la sauce est de ne pas en manquer pour la repasse du deuxième service réclamé par les frères de sang).

Dressage
Premier service : disposez les morceaux de lièvre sur de grandes assiettes plates chauffées au four 5 minutes auparavant. Dans les Enclenchez la cuisson des pâtes Cipriani linguine à l'eau 2 minutes, égouttez-les. Simultanément vous avez clarifié une plaquette de beurre de 250 g dont vous avez ôté la caséine. Enrobez les pâtes égouttées dans le beurre brûlant auquel vous avez ajouté une belle truffe fraîche taillée en julienne. Sur une fourchette à rôti à deux dents, enroulez les nouilles beurrées et truffés, déposez le boudin tout le long du lièvre à la Royal, nappez-le de sauce brûlante qui ne doit pas tourner à cause du sang. Maintenir au bain marie et rester vigilant.

Ingrédients
800 g de morue salée et séchée
4 belles gousses d'ail
3 gros avocats d'Israël bien mûrs
1 oignon rouge de taille moyenne
10 g de beurre cru
1/4 de piment antillais
2 citrons
1 citron vert
3 cuillères à soupe d'huile d'arachide
fleur de sel
1 tour de moulin à poivre Sarawak

Matériel
1 couteau effilé et bien aiguisé
1 poêle
1 bol inox
1 mixer
papier absorbant

Vins
Haute côte de nuit blanc, Gilles Jayer Gilles
Un chardonay de facture classique, agréable

Image
hommage à *Alien*

MORUE COMME UN CHIQUETAY

Progression
Piquer la morue avec un diapason ou une fourchette et la griller sur la braise ou à la flamme du gaz ou mieux encore sous le grill du four jusqu'à ce qu'elle prenne une belle couleur foncée.
Laver la morue et retirer arêtes et cartilages.
La rincer abondamment à l'eau courante, la presser fortement entre vos mains pour l'essorer. Sécher légèrement au papier absorbant. L'émietter et réserver.
Mixer dans un bol, la morue, l'oignon, l'ail, le piment, le jus des citrons et les avocats coupés en gros dés citronnés et poêlés quelques secondes au beurre pour qu'ils gardent leur belle couleur, ajouter l'huile à petits filets pour favoriser l'émulsion. Rectifier l'assaisonnement en sel ou piment selon votre goût.

J'aime associer cette préparation à des toasts de pain grillé (baguette) ou bien alors la servir avec une belle salade de roquette.

PIERRE HERMÉ

Pierre c'est mon « frère ». Pas un frère de sang, celui que l'on souhaite souvent génétiquement modifiable, mais un frère de cœur, d'esprit et de ventre.
Pierre et moi sommes pareils à deux jumeaux, ce que goûte, l'un l'autre le ressent, ce que ressent l'autre, l'un le décrit.

Pierre, le pâtissier porté avec raison, au pinacle des génies incontestés par ses contemporains, est aussi et avant tout un homme de goûts, pluriels et métissés. Éclectiques ils lui ressemblent. Je connais peu d'hommes qui développent autant de curiosité et de sensibilité pour l'art en général, la musique, les arts plastiques, les arts premiers, les arts appliqués, le cinéma, la littérature, la mode.

Pour ce qui concerne le goût des choses que l'on mange, Pierre m'a tout appris ou presque. J'ai infusé longuement ses commentaires et observations sur ce que nous goûtions ensemble. Puis j'ai appris à lui parler, à oser lui faire part de mes émotions, de mes déceptions, des contradictions auxquelles je me trouvais finalement confronté, des désamours pour tels ou tels mets à la mode maintes fois rabâchés et mâchés. Pierre m'a appris l'humilité : ne jamais critiquer pour critiquer, toujours rester humble devant ce que l'on n'aime pas mais que peut-être et simplement on ne comprend pas encore.

Pierre m'a permis par nos longues et fréquentes pérégrinations gourmandes de me fabriquer ma palette de goûts et d'odeurs. Par touches successives il m'a fait comprendre comment raccrocher un goût, un arôme, une odeur à un souvenir. Oser même, régresser à un souvenir d'enfance, pour apprendre à nouveau à connaître le monde par la bouche et le nez. Il m'a permis de laisser s'exprimer librement mes émotions, sortir de tout manichéisme pour m'ouvrir à la nouveauté toujours et encore.

C'est Pierre qui m'a convaincu de faire ce livre et je l'en remercie. C'est aussi pour moi un moyen d'avancer encore dans ma découverte des autres et des nourritures terrestres, de me perfectionner et de constater une nouvelle fois que la perfection de l'Homme réside dans sa perfectibilité.

Ingrédients
1 sole de 1,2 kg environ (faites la vider et gratter la peau)
100 g de beurre cru demi-sel
un peu de gros sel

Matériel
1 couteau effilé et bien aiguisé
1 casserole
1 grande poêle
papier absorbant

Vins
Mâcon viré-clessé Valette
Finesse du grain, vin tendu, minéral, finalement gras et gourmand

TRÈS GROSSE SOLE D'YEU RÔTIE BEURRE FRAIS

Bénis sont les jours d'hivers, lorsque la mer d'une extrême froidure berce nonchalamment quelques petits bateaux partis taquiner la sole de fond au large des côtes de l'île d'Yeu.

Progression
Clarifier le beurre. Veiller à ce que le beurre ne chauffe pas au-delà de 40 °C. Réserver.
Faire chauffer une grande poêle à poisson avec quelques grains de gros sel au fond. Verser environ 50 g de beurre clarifié.
Cuire la sole sur la peau pendant 7 minutes de chaque côté. Cuire à feu modéré pour ne pas agresser le poisson.
Laisser le poisson reposer dans la poêle, tous feux coupés, le temps de mettre en place vos assiettes.

Chauffer légèrement le beurre clarifié et presser quelques gouttes de citron (deux ou trois pas plus).
Levez les filets et coupez-les en long. Dans les assiettes bien chaudes disposez-les côté chair et aussi côté peau. N'hésitez pas à glisser aussi un beau morceau d'arête et les quelques morceaux de chair en forme de cuisse de grenouille que l'on trouve autour de la sole à la pointe des arêtes et un peu de peau grillée. Verser un peu de beurre chaud et clarifié.

J'aime servir ce plat avec des feuilles d'épinard à peine tombées à la vapeur ou simplement de belles pommes de terre vapeur en robe.
Ne pas citronner les soles car à mon sens l'acide et l'arôme du citron contrarient la finesse de ce subtil poisson.

Image
La cabane du pêcheur

Ingrédients
4 beaux pigeons
Pour le bouillon
1 feuille de laurier
quelques feuilles de persil
1 brin de thym,
quelques grains de poivre
et de coriandre,
quelques feuilles de
livèche
1 trait de vinaigre blanc

Pour l'accompagnement :
1 carotte jaune longue,
1 carotte boule orange,
1 carotte violette, 1 poireau
crayon, 2 petites pommes
de terre vitelotte, 1 petite
courgette.
2 pommes de terre ratte,
2 gousses d'ails
20 g de beurre cru
sel fin

Matériel
1 grande casserole
1 sauteuse en cuivre ou
à fond épais
2 bols inox
1 couteau effilé
1 planche à découper

Vins
Saumur champigny,
Poyeux, Clos Rougeard,
Foucault frères
Vin de table, Tesnières
pinot noir, Puzelat

PIGEON DE PAUL RENAULT, COFFRES EN BOUILLON DE PETITS LÉGUMES, CUISSES RÔTIES

Paul Renault est un grand éleveur de pigeons et de volailles, comme la poularde égyptienne ou le coucou de Rennes. J'ai découvert ses produits au Baratin et j'en suis resté béat de bonheur !
Cette recette en hommage à tous ceux qui, comme Paul Renault, consacrent leur vie aux petits bonheurs des autres.

Progression
Éplucher les différents légumes.

Séparer l'ensemble cuisses/après-cuisses des pigeons, le « noir » et lever les deux filets (le blanc). Réserver les carcasses, les cuisses et les blancs.

Pour le bouillon
Dans la grande casserole faire bouillir 3 litres d'eau avec le laurier, une pincée de gros sel gris de mer, le persil, le brin de thym, quelques grains de poivre et de coriandre concassés, quelques feuilles de livèche et une cuillère à café de vinaigre blanc.
Laisser bouillir pendant 5 minutes pour obtenir une légère décoction de toutes ces plantes et épices. Plonger les carcasses et laisser cuire à petit feu 1 heure. Couvrir et laisser reposer.

Débarrasser et filtrer le bouillon au chinois dans un bol inox, le fouler pour obtenir une bonne expression de tous les sucs. Remettre le bouillon dans la casserole et le faire chauffer à nouveau pour le concentrer.

Dans la sauteuse clarifier le beurre. Saler au sel fin dans une assiette vos cuisses/après-cuisses et les rôtir délicatement pendant 10 minutes sur toutes les faces. Laisser reposer au moins 5 minutes.

Plonger les légumes et les cuire 5 minutes. Les laisser dans le bouillon. Lorsque le bouillon est très chaud, plonger les filets de pigeons et les cuire 3 minutes.

Servir dans des assiettes creuses un peu de bouillon et de légumes. Placer sur le dessus vos deux filets et les cuisses/après-cuisses rôties.

Assaisonner d'un peu de poivre et fleur de sel.

Image
avec ce pigeon, on touche
au sublime.

Ingrédients
4 barquettes de 250 g de framboises bien mûres
500 g de crème liquide crue
30 g de sucre semoule
le jus d'1/2 betterave

Matériel
1 couteau effilé et bien aiguisé
2 bols inox cul de poule, un grand, un moyen
1 fouet

Vins
Cerdon du Bugey, Bartucci
Fruité rouge, légèreté et gourmandise à la fois, croquant
Roger de Loire, Château Yvonne
Un jus de cabernet comme un clairet qui framboise, cerise et frise

FRAMBOISES GOURMANDÉES D'UNE CRÈME FOUETTÉE DE BETTERAVE

Progression
Rafraîchir la crème au freezer durant 1 heure environ. Idéalement elle doit être à une température de 4 °C. Versez-la dans le cul de poule, lui-même placé dans un plus grand, rempli de glaçon et d'eau.
Fouettez la crème à la main. Dans ces conditions elle reste bien blanche et ne tranche (tourne) pas! Ajouter le sucre lorsque la crème est presque ferme et encore légère comme la neige. Cesser de la fouetter dès qu'elle est ferme, sinon elle va beurrer (se transformer en beurre). La conserver au réfrigérateur.

Cuire la betterave dans l'eau en ébullition pendant 60 minutes. Mixer une moitié pour obtenir une purée très fine. Fouler (écraser) cette purée à l'étamine et ajouter un peu du jus ainsi obtenu à la chantilly pour la colorer sans en altérer la consistance.

Servir les framboises dans de belles coupes et les gourmander d'un peu de crème chantilly. Présenter la chantilly de betterave à part dans une toute aussi belle coupe.

CHIPIRONS DE 3 CENTIMÈTRES, PAS PLUS !

Ingrédients
500 g de chipirons
2 cuillères à soupe d'huile d'olive vierge
1 trait de vinaigre de Xérès
sel
piment d'Espelette

Matériel
1 bol inox
1 grande poêle
papier absorbant

Vins
Vin de pays de l'Hérault, blanc, Grange des Pères
Grande maturité, vin du sud, vin oxydatif et frais

Progression
Le plus important de cette recette c'est de savoir acheter les chipirons. Ne décidez pas de faire des chipirons pour faire des chipirons. Ne le faites que si vous tombez littéralement par terre en les voyant à l'étalage de votre poissonnier un beau matin vers 7 h 00 lorsqu'il vient juste d'ouvrir, ou si par chance vous savez les pêcher un par un à la ligne.
Avec ces petites splendeurs, il ne faut rien faire d'autre que de les garder au mieux de leur forme, voire vivants, au frais avant de les cuisiner.

Chauffez une poêle avec l'huile d'olive. Séchez dans le papier absorbant vos chipirons et jetez-les dans la poêle bien chaude. Les cuire quelques minutes. Ils vont se gonfler et s'arrondir : ils sont presque cuits. Déglacer avec un trait de vinaigre, assaisonnez d'un peu de sel et d'un peu de piment.
Servez immédiatement.
Les chipirons se sont gonflés de leur jus et encre sous l'effet de la chaleur. Trop cuits leur jus « rendrait » dans la poêle. Il faut donc veiller à les conserver gonflés et laisser ce jus vous exploser dans le palais.

CHÈVRE D'UN JOUR SALÉ D'UN ANCHOIS DE COLLIOURE

Ingrédients
4 anchois de Collioure au sel
1 fromage de chèvre frais d'un jour
1 cuillère à soupe d'huile d'olive vierge
1 tour de moulin à poivre

Matériel
1 couteau effilé et bien aiguisé
2 bols inox
papier absorbant

Vins
Le Rouchefer, Mosse
Le chenin dans sa minéralité, exotique vif et droit

Ce plat est un poème ! À l'image de son titre, une rime, un alexandrin.

Progression
Ouvrir les anchois au sel en deux filets en faisant glisser vos doigts le long de l'arête (côté ventre).
Faire dessaler les filets ainsi obtenus pendant 1 heure dans de l'eau froide. Changer l'eau au moins 6 fois.
Bien sécher les filets puis couper les parties qui ne vous paraissent pas assez belles (arêtes, morceau de ventre etc.) pour obtenir de beaux filets. Les faire tremper dans l'huile pendant 1 heure.
Dresser de petites quenelles de fromage frais d'un jour sur un plat ou dans des cuillères chinoises en porcelaine blanche, ajouter délicatement sur le dessus un filet d'anchois. Assaisonner d'une goutte d'huile d'olive. Donnez un tour de moulin à poivre et servir.

Cette mise en bouche peut être servie sous forme d'entrée accompagnée d'une salade de petites pousses diverses et bien fraîches.

Il est très important que le fromage de chèvre soit d'un jour pour que le goût du lait frais apporte le maximum de fraîcheur et de contraste (doux/salé) à l'anchois.

Ingrédients
1 turbot entier sauvage de 5 kg minimum
12 os à moelle d'égale hauteur 5 cm minimum
1 belle poignée de varech
8 belles et grosses olives de Séville
1 bonne pincée de fleur de sel
3 g de poivre blanc concassé en
1 jus de poulet mignonnette
50 g de beurre salé
4 tranches de pain grillé d'un seul côté
2 cuillères à soupe d'huile d'olive dolce
1 poignée de gros sel marin
1/2 jus de citron
3 feuilles de laurier, plus, c'est mortel !
vinaigre blanc

Matériel
1 plaque creuse à rôtir du four,
1 service à découper le poisson,
1 casserole

Vins
Bourgogne aligoté, Philippe Pacalet
Saint Romain blanc Domaine Chassarnay, belle maturité, équilibre sur l'acide, bouche gourmande.

GROS TURBOT SAUVAGE JUS D'ALGUE ET OLIVES, ENDIVES ROUGES ACIDULÉES

Progression

Acheter un gros turbot entier chez le poissonnier ; le faire vider ; garder la tête, les nageoires et la queue. Ébarber au ciseau les nageoires. Dégorger 3 heures les canons de moelle à l'eau froide et claire, en changeant l'eau régulièrement afin d'éliminer les traces de sang. Les cuire à la vapeur à la Cocotte Minute 5 minutes Gratter les cartilages adhérents à l'os.

Masser les flancs du turbot à l'huile d'olive. Chauffer le four à 180 °C th 7 Répartir le varech et les os sur la plaque creuse et déposer le poisson sur ces « pilotis » d'os. Saler, répartir des petites noix de beurre sur le turbot. Enfourner une petite heure. Il est impératif de surveiller la cuisson car, s'il cuit trop, le turbot devient immangeable : vérifier, au bout de 30 minutes, que les chairs soient légèrement fermes, avec une lame de couteau. En profiter pour poivrer.

5 minutes avant la fin de la cuisson, glisser les feuilles de laurier dans des petites incisions pratiquées au-dessous des ouïes et déglacer au vinaigre blanc. Elles parfumeront sournoisement le poisson. Déglacer le jus de cuisson avec le citron et une belle rasade de vinaigre blanc pour décrocher les sucs. Servir le turbot rôti, entier, sur ses pilotis avec le pain grillé. Apporter sa Majesté sur table.

Faire chauffer le jus de poulet, y ajouter la réduction du jus de cuisson et les olives. Servir le turbot accompagné de ce jus.

Image
hommage à l'iode, bouquet de bourrache officinale, *borago officinalis*

REINE ET GUY SAMMUT

Reine est un ange, il règne sur son visage comme un perpétuel sourire doux et tendre, il sifflote dans sa cuisine comme un air joyeux.
Guy veille sur Reine et fait en sorte que son doux bonheur nous sourit toujours.

J'ai la chance de pouvoir fréquenter assidûment les Sammut, les étés lorsque je me trouve dans le Lubéron à Lourmarin exactement. Ce beau village niché aux creux d'une combe, abrite leur restaurant, *la Fenière*.

Guy est un roi, peu d'hommes vivent et partagent l'amitié avec autant de générosité. Cet homme aux yeux sombres, immortalise de sa belle stature, la fierté méditerranéenne dans ce qu'elle a de plus viril et de noble. Sa loyauté et son goût des autres en font un être rare aux valeurs profondément humaines. Il l'incarne aussi dans sa relation exemplaire avec sa famille, sa mère, à l'origine de la cuisine de Reine, le souvenir du père qui souvent guide ses pas, ses filles enfin auquel il a su communiquer le sens de valeurs pérennes et familiales.

Guy m'a fait découvrir Martigues, ville aux valeurs si proches de celles que nous partageons. Cette ville a habité son enfance, son père la tutoyait, il en était l'urbaniste pour la mairie. Martigues, ville exemplaire dans la perpétuation avec réalité de son histoire et la juste cohabitation d'un passé avec une modernité utile, pratique et nécessaire. Martigues, ville humaniste, dont les élus ont fait en sorte qu'aujourd'hui encore quelques pêcheurs méritants bénéficient du privilège de pêche au muge. Notamment le muge à tête noire, porteur de ces œufs qui une fois séchés valent de l'or et se baptisent poutargue. La pêche se déroule en plein centre ville sur l'un des canaux. Un grand filet barre le canal et les pêcheurs font une vire pour y récolter les muges. Ils reviennent péniblement, au risque de sombrer, avec leurs minuscules embarcations remplies à ras bord de poissons vifs aux reflets d'argent.
Sur ces centaines de blanquettes, loups et mulets, seuls quelques muges à tête noire sont les « poutarguiers » porteurs de ces œufs. Les autres muges communément appelés « mulets » seront offerts au profit de différents établissements publics ou cantines.

Reine m'a fait apprécier une cuisine du sud, ouverte sur la Méditerranée et sur le monde, une cuisine du goût des autres, de rivages inconnus, une cuisine porteuse de valeurs chaleureuses et fondamentales : amour, humilité, partage, respect, métissage, découverte, intégration.
Guy est un frère, mon grand frère. D'ailleurs depuis deux ans nous avons pris comme habitude de nous retrouver, début octobre, à bord d'un sublime voilier tout de bois vêtu et bien nommé : IL FRATELLO

Ingrédients
500 g de caillé de brebis
100 g de sucre semoule
100 g d'eau
4 cuillères à soupe de miel de châtaignier
quelques étamines d'artichaut en fleur

Matériel
1 couteau effilé et bien aiguisé
1 turbine à glace ou sorbetière
1 casserole

Vins
« tout en bulle » domaine Gramenon
Clairette qui muscate, effervescence naturelle et spontanée pour un vin au fruité libre

Muscat cap corse, Aréna
Exubérant, aérien, brillant, concentré et frais : rare

SORBET DE PETIT CAILLÉ DE BREBIS, MIEL DE CHÂTAIGNIER

Ce dessert, comme le souvenir d'une balade à l'automne dans la garrigue où le caillé de brebis, léger comme un zéphyr dans le palais, s'illumine des couleurs mordorées du miel, aiguisé des quelques étamines purpurines.

Progression
Mettre l'eau et le sucre dans une casserole, porter à ébullition, laisser frémir jusqu'à ce que le sucre soit fondu. Laisser refroidir.

Mélanger le caillé et le sirop, verser dans la sorbetière et faire turbiner.

Lorsque le sorbet est pris, au moment de servir, tremper une grosse cuillère à soupe dans de l'eau bouillante pour faire de belles quenelles de sorbet.
Verser le miel sur les quenelles de sorbet de manière à bien les enrober.

Servir dans des bols et parsemer de quelques étamines d'artichaut.

Ingrédients
1/4 de litre de jus de gros citrons de Menton (entre trois et quatre beaux citrons)
1/4 de litre de lait cru (entier)
1/4 de litre d'eau
250 g de sucre semoule
10 feuilles de verveine

Matériel
1 casserole
2 bols inox cul de poule, un grand, un moyen
1 fouet
1 sorbetière

Vins
Extra brut Anselme Selosse
Un vin de champagne légèrement oxydatif, très frais

Moscato d'Asti, Bera
Le muscat fruit qui a bu la chaleur avec avidité et nous en restitue son soleil

Image
gros citron de Menton

SORBET DE CITRON DE MENTON, VERVEINE FRAÎCHE

La verveine et le citron de Menton associent, mêlent leurs fraîcheurs de piques en pics jusqu'au paroxysme.

Progression
Faites bouillir l'eau avec le sucre. Verser cette préparation dans le bol inox, lui-même préalablement placé dans un grand bol inox rempli d'eau et de glaçons. Laissez refroidir en fouettant le mélange de temps en temps
Lorsque cette préparation est froide, ajouter le lait et le jus des citrons.

Turbiner dans la sorbetière. Lorsque le sorbet commence à prendre, ajouter une dizaine de feuilles de verveine finement ciselées.

Servir de belles quenelles sur un beau sablé par exemple.

Ingrédients
12 langoustines de taille moyenne
quelques gouttes du jus d'un citron de Menton
1 botte de roquette sauvage avec les fleurs
4 rattes
2 cuillères à soupe d'huile d'olive Ravida
sel, poivre

Matériel
1 couteau effilé et bien aiguisé
2 bols inox
1 presse agrumes
papier absorbant, cellofrais

Vins
Chinon blanc « clos des roches », Lenoir
Généreux, gras sec, très épuré avec un minéral très marqué

Saumur blanc, Château Yvonne
Le chenin de grand terroir, riche et puissant, bel équilibre, légèrement citronné, grande longueur

LANGOUSTINE, ROQUETTE SAUVAGE ET SES FLEURS EN SALADE DE RATTE

Cette petite roquette pousse sauvageonne au pied de ma maison de l'Île d'Yeu. Je la cueille « à la fraîche » vers 20h30, juste avant de la servir à table. Nul besoin de la laver, la rosée du soir l'aura époussetée.

Progression
Je vous autorise à laver délicatement et rapidement la roquette. La réserver au frais.
Cuire les langoustines à la vapeur ou au court bouillon 3 minutes maximum. Les laisser tiédir et les décortiquer. Conserver les queues dans un bol filmé à température extérieure. Dans un autre bol, presser les têtes entre les doigts pour en extraire la substantifique moelle (attention aux éclaboussures).
Cuire les rattes à la peau et à la vapeur, les dérober.

Préparer la sauce :
Pressez le jus du citron, saler et ajouter le jus des têtes de langoustine.
Monter cette sauce avec l'huile d'olive.
Réserver au frais

Avec votre couteau bien effilé taillez les rattes en rondelles pas trop fines, versez-les dans la sauce et remuez délicatement.

Sortez vos assiettes. Placez-y la salade de rattes, les feuilles et fleurs de roquettes puis les queues de langoustine. Donner un tour de moulin à poivre, servez et mangez immédiatement.

Pour ce plat la salade de roquette n'est pas assaisonnée, elle joue le rôle d'une herbe aromatique et s'assaisonnera dans votre palais : c'est mieux pour elle. Elle ne « fatigue pas » c'est mieux pour nous, ses pics de goûts vont souligner le plat tout au long de sa dégustation.

Image
roquette sauvage,
Diplotaxis erucoides

Ingrédients
400 g de mâche
1 cuillère à soupe de soja
1 cuillère à soupe de vinaigre balsamique
1 cuillère à soupe de vinaigre de Xérès ou de très bon vinaigre « maison » ou de jus de citron
1 cuillère à café de moutarde forte
2 cuillères à soupe d'huile d'olive

Matériel
1 couteau effilé et bien aiguisé
1 bol inox
1 cuillère à café
1 torchon

Vins
Morgon « côte du Py », Foillard
Gamay qui pivoine, caressant, souple et friand, léger épicé et fruité
Chateldon
Belle eau gazeuse a très fines bulles et à peine salées

DOUCE SALADE DE MÂCHE

J'aime le contraste d'une salade bien fraîche : presque froide et le « chaud » d'une vinaigrette.

Progression

Lors de l'achat de votre salade ou lors de sa récolte veillez a ce qu'elle ne soit pas trop sale et faites en sorte qu'on vous l'emballe correctement. Les pieds en bas de votre sac papier.
Attention il faut laver votre salade dès sa cueillette ou dès votre retour du marché. Pour bien nettoyer la mâche il faut couper le pied, généralement assez sablonneux. Veillez tout de même a ce que la mâche conserve sa forme salade. Bien laver la salade, mais la manipuler avec beaucoup de délicatesse et essayer de ne pas la laisser tremper trop longtemps. Il faut la laver au moins 3 ou 4 fois et s'assurer qu'il ne subsiste aucun grain de sable dans le fond de votre évier. Ceci décidera d'un éventuel quatrième lavage.

Essorez la salade et réserver la dans un sachet dans le bac de votre réfrigérateur au moins 4 heures à l'avance. Idéalement la veille pour que votre salade soit bien ferme, croquante.

Préparation de la sauce
Dans le bol inox et dans l'ordre, mélanger : la moutarde et le vinaigre de Xérès ou de vin ou jus de citron, ajouter lorsque le mélange obtenu est parfaitement fluide et sans grumeaux, le soja, le vinaigre balsamique et enfin l'huile.

Présenter la salade dans des assiettes creuses. À l'aide d'une cuillère à café disposer des petites gouttes de sauce sur l'ensemble de la salade. Servir aussitôt

Il est important de ne pas laisser les légumes, salades, herbes dans l'eau de lavage plus de 1 ou 2 minutes. En effet, après ce délai l'ensemble des sels minéraux ont tendance à se dialyser selon le principe bien connu de «osmose de l'eau dialyse des sels.»

Ingrédients
1/2 pastèque bien froide
60 g de cream chesse (Philadelphia ou St-Moret)
1 yaourt au lait entier de type grec ou bulgare
3 cuillères à soupe d'huile d'olive d'Estoublon
2 cuillères à soupe vinaigre de Xérès
1 pincée sel Maldon sea salt
1 tour de moulin à poivre
1 oignon rouge

PASTÈQUE EN SALADE, CREAM CHEESE, YAOURT

Progression

Mettre la veille la pastèque entière dans le réfrigérateur pour qu'elle soit bien froide.
Couper la pastèque en tranches de 2 cm d'épaisseur et ôter les graines avec la pointe du couteau. Couper 4 tranches à l'identique en forme de triangle.
Passer le demi-oignon à la mandoline et laisser le se rincer sous l'eau froide pendant 10 minutes. Bien le sécher dans du papier absorbant.

Matériel
1 grand couteau effilé et bien aiguisé
1 petit bol inox
papier absorbant
film alimentaire

Vins
Côtes du Roussillon soif du mal, Foulards rouges

Vin de table Orphelin, Foucault frères

Réserver au frais sous un fil alimentaire.

Dans le bol inox, préparer la vinaigrette avec le sel, le vinaigre et enfin l'huile d'olive.

Dresser 1 belle tranche de pastèque dans chaque assiette, ajouter une petite quenelle de cream cheese (faire avec deux cuillères à soupes tiédies dans l'eau chaude). Faire un « trait » de yaourt sur le côté de l'assiette. À l'aide d'une cuillère à café assaisonner délicatement la tranche de pastèque avec la vinaigrette. Poser quelques lamelles d'oignons rouges. Rectifier le sel sur la tranche de pastèque en y ajoutant quelques paillettes de sel.
Poser délicatement quelques feuilles de pourpier à côté du yaourt. Délicatement laisser transpirer quelques gouttes d'huile d'olive.

Il est important de veiller à la fraîcheur en terme de température de tous ces ingrédients. C'est l'assiette *light* et saine par excellence pour un déjeuner très léger par un bel été.

OS À MOELLE SALÉ DE CAVIAR OSCIÈTRE

Ingrédient
2 os à moelle de 15 cm de long coupé en deux dans le sens de la longueur
80 g de caviar osciètre
1 kg de gros sel blanc

Matériel
1 bol inox assez grand
1 couteau bien aiguisé
1 petite cuillère en os, en corne, nacre ou en nylon
papier absorbant

Vins
Hermitage blanc, Tardieu
Richesse, puissance, volume, gras, incroyable longueur

Progression
Le plus important et le plus difficile de cette recette : La veille, négocier avec son boucher favori qu'il accepte de vous couper les os à moelle dans le sens de la longueur, en profiter pour lui demander de faire en sorte que la coupe soit parfaitement symétrique et que les six moitiés d'os ainsi obtenues soient bien identiques.

Ensuite plonger les os dans le bol inox contenant de l'eau glacée. Veiller à renouveler l'eau glacée 2 ou 3 fois durant les 24 heures. Conserver au réfrigérateur. Il s'agit de faire blanchir la moelle en l'osmosant de son sang et d'amollir les aponévroses et tissus collés à l'os pour l'en débarrasser plus facilement ensuite.

Sortir les os du bol inox et commencer à nettoyer la partie osseuse avec un couteau. Il s'agit de rendre les os comme un ivoire parfaitement net et poli. C'est un vrai travail. Mais on peut le faire en famille.

Faire cuire les os au bain marie pendant 5 minutes, le temps que la moelle chauffe et devienne translucide.

Poser délicatement un os par assiette sur un support fait de gros sel blanc, d'un trait poser le caviar sur toute la longueur de la moelle. Servir et manger aussitôt avec de belles cuillères à moelle.

Le caviar vient saler la moelle et le gras de la moelle répond à celui des œufs d'esturgeons.

Ingrédients
2 kg de côte de veau découverte (partie qui se situe sur l'épaule — omoplate — et avant le cou)
4 beaux os de veau (crosse)
20 g de beurre clarifié
4 belles trévises
fleur de sel
poivre

Matériel
1 grande cocotte Staub
1 plancha
1 planche à découper
1 couteau

Vins
Mersault, « les tillets » domaine Roulot grand chardonnay, mûr, précis, gras, minimal

Château Seguin, Pessac Léognan
Fleurie ultime, Metras

CUIR DE VEAU RÔTI À TOUT PETIT FEU, TRÉVISE À LA PLANCHA

Ce mode de cuisson très doux est le seul possible pour obtenir un veau moelleux et doux comme de la soie. Veiller à ne pas mettre la viande au réfrigérateur (entre son achat et sa cuisson, à la condition de faire les deux le jour même) laisser la au frais (18 degrés maximum) mais de grâce ne la raidissez pas au froid.

Progression
Faire fondre les 20 g de beurre dans la cocotte.
Clarifier rapidement votre beurre, placer les os de veau et commencer à les rôtir doucement – sans jamais brûler votre beurre -.

Une fois vos os bien dorés, retirez-les de la cocotte et placer les dans un plat au four. Température 120 °C.

Dans votre cocotte, installer confortablement votre cuir de veau et commencer à la rôtir à tout petit feu, sur le dos (la peau) en prenant bien soin de le « nourrir » du beurre et des sucs d'os présent au fond du récipient. Avec un pinceau par exemple.

Veillez à ce que la température ne dépasse jamais 80 °C-90 °C dans le fond de la cocotte. Rôtir et cuire le veau pendant environ 3 heures. En fin de cuisson, il doit se revêtir d'une véritable patine brun orangée due aux sucs coagulés et à peine confits.

Laisser ce veau reposer une petite heure dans la cocotte ou sur une plancha maintenue à 50 °C avant de le trancher et de le servir.

Pendant ce temps-là, faites cuire à la plancha (ou à la poêle) vos trévises, beurrer au beurre cru demi-sel et déglacer d'un trait de vinaigre blanc.

Déglacer vos os de veau avec un peu d'eau, monter au beurre cru. disposer un peu de ce jus dans les assiettes.

Image
patine de veau

RAQUEL CARENA ET PHILIPPE PINOTEAU

Ils sont deux et ne forment qu'un, ce portrait s'écrit à leur image : fusionnel.

Raquel et Philippe, participent à l'équilibre parfait entre le manger et le boire. Ils incarnent le ying et le yang du plaisir.
Leur restaurant, le fameux BARATIN, abrite cette « union » dans une atmosphère habitée de l'amour qu'ils se portent réciproquement.
Pour Philippe dit « pinuche », rien n'est trop beau pour sa Raquel. Ainsi il parcourt presque quotidiennement des dizaines et dizaines de kilomètres au guidon de son scooter pour dénicher les plus beaux produits de Rungis. Il l'approvisionne aussi en direct auprès des meilleurs artisans : des pigeons et poulardes égyptiennes de chez l'éleveur Paul Renault en Bretagne, de subtiles anguilles et maquereaux fumés rapportés de Hollande par Raymond, des mescluns chronopostés de Vendel par Annie Bertin, des poissons négociés en cours de pêche à Loctudy ou au Guilvinec avec la complicité de Gwen.

Raquel, met en pratique une cuisine simple et dévolue aux produits. Justesse de ses cuissons et maîtrise « des jus » font de ses plats un hommage à la cuisine quotidienne. Cuisine de femme, dont le projet et de nourrir et de nourrir bien. Cuisine spontanée, de l'instant, tournée vers le bonheur de l'autre, sans ambiguïté, sans quête de laurier ou autres faux artifices.

Raquel m'a beaucoup influencé dans la réalisation de certains plats. Je lui ai emprunté l'esprit et la matière de plusieurs recettes.

Philippe pratique le vin comme un honnête homme d'une rare et éclectique culture.
S'il prend soin de nous faire décliner nos envies c'est pour les mieux rapprocher des soifs de notre corps et de celles de notre esprit.

Il fait encore partie des quelques rares restaurateurs à disposer d'une vraie cave. À savoir : contenant des vins choisis et achetés par lui, témoignage d'un véritable engagement, à l'égal d'une conduite intellectuelle et militante.

Boire avec ou chez Pinuche c'est aussi échanger des valeurs communes, qui au-delà de ce que nos verres contiennent, sont les promesses d'un monde sans doute mieux partagé et en tout cas humaniste.

Ingrédients
2 épaules d'agneau hallal avec os (palette) d'1 kg 1/2 environ
2 cuillères à soupe d'huile d'arachide
3 gousses d'ail
1 cuillère à café de poivre gris moulu
1 cuillère à café de cumin moulu
1 cuillère à café de piment moulu
1 cuillère à café de sel fin
le jus et le zeste d'un citron jaune
12 tomates corrogo
1 botte de coriandre fraîche ou en fleur

Matériel
1 couteau effilé et bien aiguisé
1 bol inox
1 plaque de four
1 planche à découper
film alimentaire

Vins
Coteau du Languedoc, pic saint loup, Simon, Clos marie
Côtes du Roussillon, le Clos des fées.

ÉPAULE D'AGNEAU HALLAL CONFITE, TOMATES CORROGO ACIDULO-CONFITES

Progression
Scarifier en damier vos épaules d'agneau, recto et verso. En profiter pour les débarrasser de quelques aponévroses et gras superflus.

Rassembler dans votre bol inox toutes les épices, ail pressé et sel avec l'huile. Bien mélanger.

Masser longuement les viandes avec cette préparation. Vous devez les sentir se détendre sous vos doigts.

Disposer les épaules tête-bêche sur la plaque de cuisson et enfourner à 220 °C avec un bol d'eau pour humidifier le four et éviter que la viande ne se dessèche. Quand les épaules grésillent et chantent baisser la température du four à 120 °C et laisser confire 3 heures.

Pour le service, la viande se détache toute seule en laissant apparaître les os bien blancs, servir avec le jus déglacé et détendu d'un peu d'eau et du jus de citron et un beau bouquet de coriandre en fleur dispersé avec les doigts sur le plat d'épaule.

Pour les tomates acidulo-confites: placez-les sur une plaque de four. Arroser les avec un peu de vinaigre balsamique, une pincée de sel et une pincée de sucre. Laisser confire à four 140 ° pendant 3 heures arroser d'un peu de jus de tomate et d'eau et récupérer le jus qui coule pour en arroser les tomates. Déglacer d'un trait de vinaigre blanc. Servir tiède.

Image
tête d'ail,
allium sativum

Ingrédients
1 cabillaud entier de 3 kg minimum
Pour le bouillon
4 feuilles de laurier
gros sel gris de mer
1 belle carotte
1/2 botte de persil
branches de fenouil
1 brin de thym
grains de poivre et de coriandre
feuilles de livèche
vinaigre blanc
Pour l'accompagnement:
4 carottes jaunes longues
4 carottes boules orange
4 carottes violettes
4 radis longs « ice »
4 poireaux, 4 navets,
8 petites pommes de terre vitelotte,
4 courgettes rondes de Nice,
quelques pâtissons
1 betterave orange ou tout autre légume,
quelques buccins cuits à la vapeur ou au court-bouillon avec le cabillaud
quelques encornets sautés à la poêle
1 bonne pincée de fleur de sel
1/2 jus de citron
huile d'olive
1 pomme de terre ratte
12 gousses d'ail blanchies
1 gousse d'ail frais
huile d'arachide
feuilles diverses: fenouil, persil plat, livèche, etc.
soucis des jardins, spigol

Matériel
1 poissonnière
1 grande marmite
1 grande casserole
1 cuit vapeur
2 bols inox
1 couteau effilé

Vins
Bandol, Château St-Anne
Vin de pays des bouches du Rhône, Trevallon
Vin de table, carco, Antoine Aréna

GRAND AÏOLI DE CABILLAUD, QUELQUES LÉGUMES AFFÉRENTS

Un grand aïoli se prépare en fanfare avec buccins et encornets pour célébrer la merveilleuse morue dont il existe autant de recettes que de jours de l'année, dit-on au Portugal.

Progression
Pour le court bouillon
Dans la grosse marmite faire bouillir 3 litres d'eau avec les 4 feuilles de laurier, trois pincées de gros sel gris de mer, 1 belle carotte, 1/2 botte de persil, quelques branches de fenouil, 1 brin de thym, quelques grains de poivre et de coriandre, quelques feuilles de livèche et une cuillère à soupe de vinaigre blanc.
Laisser bouillir pendant 5 minutes pour obtenir une légère décoction de toutes ces plantes et épices.

Arranger le poisson en lui coupant au ciseau les nageoires et la queue. Le placer dans la poissonnière hors du feu et verser dessus le court bouillon, bouillant. Couvrir immédiatement et laisser le poisson (en cuisson descendante) jusqu'à ce que le bouillon soit tiède.

Aïoli
Cuire les gousses avec leur peau (en chemise) et la pomme de terre aussi. Les éplucher et enlever le germe de l'ail.
Écraser la ratte bien cuite au fond d'un bol y ajouter les demies gousses d'ails. Monter cette base comme une mayonnaise (l'ail et la pomme de terre remplacent l'œuf) avec de l'huile d'arachide, lorsque vous avez atteint la quantité voulue, finir en ajoutant 2 cuillères à soupe d'huile d'olive le demi-jus de citron et l'ail cru, préalablement écrasé en chemise puis séparé de sa peau et de son germe et finement haché.
Vous pouvez aussi ajouter quelques étamines de soucis de jardin ou de spigol (pour la couleur).

Cuire les différents légumes séparément au cuit vapeur ou à l'eau salée.

Sortir le poisson de la poissonnière et enlever délicatement la peau d'un côté le retourner dans le plat de service et enlever à nouveau la peau de l'autre côté. Agrémenter le plat de quelques feuilles d'herbes, persil, fenouil bronze, livèche et de quelques légumes. Présenter dans un plat de service.

Prévoir plusieurs petites coupelles (une pour deux convives par exemple) pour l'aïoli.

Rectifier avec de la fleur de sel et servir aussi avec une belle bouteille d'huile d'olive de chez Gramenon par exemple.

Ingrédients
8 beaux œufs de plein air
1 *tuber magnatum*
de 15/20 g environ
100 g de beurre cru
fleur de sel

Matériel
1 couteau effilé et bien aiguisé ou une râpe à truffes
2 bols inox
1 grande poêle
1 petite casserole

Vins
Puligny Montrachet, domaine de Chassorney

VITELUS, TUBER MAGNATUM

Truffe blanche d'Alba, Tuber magnatum.
Comment bien choisir ce produit exceptionnel? C'est très important compte tenu de son prix. Tout d'abord il faut que la truffe soit bien lourde et bien ferme, ensuite il faut la choisir poussée sous un tilleul, c'est le top ou un châtaignier et non sous un chêne.
Pour les reconnaître, c'est facile: il faut couper un peu de la truffe (la canifer) les circonvolutions doivent être bruns clair comme le miel tirant un peu sur le violet. Si elles sont très blanches c'est que soit la truffe n'est pas mûre, soit c'est une truffe de chêne, bien moins aromatique.

Progression
Cassez les œufs un par un dans un bol inox, les sentir pour vérifier leur fraîcheur. Transférez chaque œuf l'un après l'autre dans le second bol inox.
Faire chauffer votre poêle avec le beurre cru et le clarifier. Laisser le beurre refroidir un peu et cuire les œufs « à froid » avec le feu le plus doux possible. Le blanc va ainsi coaguler très lentement, à basse température en quelque sorte, et il en sera plus moelleux. C'est le principe des œufs miroirs.
Dans la petite casserole, faire fondre l'autre moitié du beurre et le faire cuire jusqu'à ce qu'il soit noisette.
Servir 1 ou 2 œufs par personne dans une assiette chaude. Râpez généreusement la truffe blanche sur les œufs; assaisonnez d'une cuillère à soupe de beurre noisette chaud. Salez très légèrement.

Compte tenu du prix de cette truffe blanche, tuber magnatum, je vous conseille de casser un peu plus votre tirelire et d'acquérir pour l'occasion une vraie râpe à truffe. Les lamelles de la truffe blanche doivent vraiment être très très fines: des microtomes. Pour libérer leur arôme de condiment.

Beurre clarifié: faire fondre le beurre sous un feu assez vif pour qu'il mousse. Le clarifier consiste à éliminer toute cette mousse (en fait le lactosérum autrement dit « petit lait ») hors du feu, avec une cuillère à soupe par exemple. Le beurre ainsi clarifié peu se préparer à l'avance et se conserver au réfrigérateur une quinzaine de jours.
Beurre noisette: faire fondre le beurre sous un feu assez vif et le laisser « cuire » jusqu'à ce qu'il se colore légèrement, il prend alors une coloration « noisette » et en dégage presque l'odeur. Attention à ne pas le brûler, cela peut arriver assez facilement.

Ingrédients
1,5 kg de filet de bœuf ficelé large en rôti sans la chaînette (lambeau de chair qui adhère au rôti)
la marinade :
100 g de sucre Moscovado
85 g de Maldon sea salt ou sel gris de mer
1 étoile de badiane écrasée
1 cuillère à soupe de gingembre frais râpé
2 gousses d'ail râpé
le zeste d'un citron jaune
1 piment de Cayenne (piment Oiseau) écrasé
20 cl de sauce soja japonais Kikkoman
2 cl d'huile de sésame

Matériel
1 couteau effilé et bien aiguisé
1 bocal en verre d'un litre et demi
1 poêle
1 bol inox
1 planche à découper
film alimentaire

Vins
Bourgueil, perrière, Breton
Côte d'Auvergne, les mauvaises herbes, Peyra
Côte roannaise, Lapandéry

GRAVELAX DE BŒUF, ROQUETTE DE CARRIÈRE, PARMESAN REGGIANO

Merci à FEGH pour avoir déniché cette bonne idée et mis au point cette recette magique.

Progression
Mettez dans le bocal en verre d'un litre et demi, le sucre, le sel, la badiane écrasée, le gingembre, l'ail, les zestes de citron, le piment écrasé, le soja et l'huile de sésame. Secouez le mélange comme au shaker et immergez la viande dans la marinade glissez au frigo 36 heures au en retournant le bocal de bas en haut journellement.

Épongez parfaitement le rôti de bœuf.
Faire chauffer une grande poêle et rôtir très rapidement le filet sous toutes ses faces dans quelques gouttes d'huile d'arachide.
L'éponger à nouveau et le laisser refroidir.

Dressage : Dans une assiette disposez quelques feuilles de roquettes, deux tranches épaisses de ce gravelax de bœuf. Dégustez avec une bonne huile d'olive, quelques copeaux de parmesan de vache rouge, un tour de poivre noir Sarawak.

Ma camarade FEGH auteur de cette recette, recommande de surcroît, un cornet de frites à la peau bien chaudes, et la mayonnaise Helleman's industrie étiquette bleue.

CERVELLE DE CANUT À MA FAÇON

Ingrédients
1 kg de fromage blanc de vache
250 g de crème fraîche
assortiments d'herbes telles que ciboulette, fleur de ciboulette, estragon (très peu), livèche, persil plat, cerfeuil, menthe, etc.
1 échalote
1/2 gousse d'ail sans le germe
fleur de sel
poivre Sarawak
huile d'olive

Matériel
1 couteau
1 fourchette
1 grand bol inox
1 planche à découper

Vins
Fleurie, Yvon Metras
Du fruit, du fruit, un peu d'épice, sapide

Réunir un beau fromage blanc pas trop humide, « claqueret » comme l'on dit à Lyon, avec ses plus belles herbes et plantes de son jardin par une belle soirée de printemps ou un soir orageux d'été. Voilà un exercice de simplicité et de goût que j'apprécie à sa modeste et immense valeur. Il est vrai que je suis un peu lyonnais.

Progression
Mélanger le fromage avec la fourchette, ajouter la crème fraîche et toutes les herbes ciselées ; finir de mélanger avec l'échalote et l'ail. Rectifier à votre goût en poivre et sel.

Servir avec de beau toast de pain grillé à peine tiède et arroser de quelques gouttes d'huile d'olive, une belle salade croquante, mélangée et bien froide.

On peut assaisonner cette cervelle de canut avec un trait de vin blanc. C'est plutôt bon en accompagnement d'une pomme de terre bien chaude ! J'aime aussi cette recette avec un fromage fouetté ! Battre le fromage et la crème au fouet de manière à le foisonner, le rendre plus léger en incorporant de l'air.

CÉLERIS RAVE, BETTERAVES ET GROSSES CAROTTES DE COLLECTIONS CUITS EN EUX-MÊMES

Ingrédients
1 céleri rave dit céleris boule
1 grosse carotte jaune
1 betterave longue (forono) ou grosse blanche
50 g de beurre cru demi-sel
1 tour de moulin à poivre
2 cuillères à café de moutarde d'Orléans

Matériel
1 couteau effilé et bien aiguisé
film alimentaire
1 plaque de four
papier absorbant

Vins
Collioure Pascole, Duchêne
Vin de table Ribeyrenc, Navarre

Image
fleur de ciboulette commune, *alium schoenoprasum*

C'est un plat d'hiver. Cuisiner ces beaux tubercules aux premiers frimas alors que leur sève nourricière est concentrée dans les bulbes. Ce mode de cuisson (dans leur eau de végétation) permets de restituer telle quelle cette divine eau.

Progression
Bien laver et brosser la peau des légumes. Les sécher.
Les emballer dans du film cellofrais bien hermétiquement
Faite chauffer votre four à 180 °C. Cuire les légumes 40 minutes, puis couper le four (l'éteindre) et laisser les légumes encore 40 minutes dans le four, porte demie ouverte.

Trancher le céleri la carotte et la betterave comme un melon, en deux sur la longueur puis chaque moitié en trois longues tranches. Faire fondre le beurre doucement et le manier comme une pommade, incorporer la moutarde et enduire avec raison les légumes avec cette préparation. Poivrez.

J'aime manger les légumes lorsqu'ils ne sont pas trop chauds : tièdes. Leurs arômes n'en sont que plus élégants et précis.

MICHEL ET DANIELLE BRUNON

Michel et Danielle c'est déjà de l'histoire ancienne. Je les ai connus il y a plus de 15 ans. Habitant alors le quartier d'Aligre dans le douzième arrondissement de Paris, je débutais en quelque sorte dans ma « chine » d'artisans des métiers de bouche et mon itinéraire de gourmand. Très vite je suis devenu client d'une minuscule boutique collée près de la fontaine du marché couvert. La boucherie Brunon.
Michel et moi cela s'est fait en un battement de cils. Il a vu de suite mon œil qui brillait devant une belle entrecôte bien rassise et persillée issue d'une vache de race Maine Anjou. Miam miam !
Michel m'a véritablement formé le goût et l'œil pour « peser » comme un maquignon le potentiel gustatif d'une viande. Son soyeux que du pouce l'on caresse, promesse de tendreté et de croquant à la fois, le brillant des fibres rouge carpaccio réservoir d'un jus contenu et prêt à vous inonder de plaisir, enfin de fines fibres blanc ivoire et fermes, expression ultime du persillé et précurseur d'arômes longs et subtils.

Michel a très vite accepté de me faire rassir de la viande et notamment de l'onglet. Je sais qu'il le faisait pour moi et pour mon bon plaisir. La pièce pesait au départ environ un kilo deux cent grammes et au bout de trois à quatre semaine ne pesait plus que sept cent à huit cent grammes. « Si je n'avais que des clients comme toi ce serait la faillite du boucher » me disait-il en riant.
Seul un onglet issu de bêtes de très grande qualité peut rassir à se point et encore faut-il le laisser dans ses aponévroses. La viande n'en prend aucun goût foxé, elle est simplement comme confite.

Michel m'a fait découvrir le plaisir extravagant de griller des bavettes d'aloyaux entières. C'est surprenant de les servir comme cela et tout à fait délicieux pour ceux qui affectionnent les viandes à fibres longues, grillées sur des braises.

Ingrédients
250 g de pâte sucrée
1 kg de pommes de saison (canada, reine de reinettes, cox orange, grany…)
40 g de sucre semoule
40 g de beurre
quelques zestes de citron, orange et pamplemousse
le demi-jus d'un citron

Matériel
1 couteau effilé et bien aiguisé
1 moule à tarte antiadhésif
1 poêle
1 bol inox

Vins
Vouvay, « Les perruches » Lemaire Fournier
Vin joyeux aux arômes de pomme verte

TARTE AUX TROIS POMMES, ZESTES DE GROS AGRUMES

Cette tarte se propose d'associer plusieurs variétés de pommes. pour bénéficier ainsi de leurs textures, goûts, acidités et douceurs différentes. L'agrume agit en exhausteur de goûts. Merci, Pierre pour tes conseils et ta recette de pâte sucrée !

Progression
La veille, éplucher la moitié des pommes, retirer le cœur ligneux et les pépins. Couper les pommes en quartier puis en cubes.

Faire fondre le beurre et poêler ces pommes avec les zestes d'agrumes et le sucre, le temps que les pommes cuisent à demi. Réserver au frais jusqu'au lendemain.

Le jour J étaler la pâte sur une épaisseur de 2 cm et pour garnir un moule antiadhésif de 26 centimètres de diamètre. Piquer le fond de tarte avec une fourchette et le recouvrir d'un disque de papier sulfurisé. Garnir de noyaux d'abricots ou de haricots (pour peser sur la pâte en cours de cuisson de façon à ce qu'elle reste bien plate).
Glisser la tarte au four pour 15 minutes à 180 °C.

Pendant ce temps-là, peler le reste des pommes, les râper finement et ajouter le jus du demi-citron, filmer et réserver au frais. L'acidité du jus évitera une oxydation des pommes râpées. Lorsque la pâte à cuit 12 minutes, la débarrasser du papier sulfurisé et garnissez-la du mélange pommes et zestes d'agrumes, ajouter dessus les pommes râpées. Remettez-la au four pour encore 20 minutes environ. Lorsque la tarte est cuite et froide, poudrez la de sucre glace.

Pâte sucrée (merci Pierre Hermé)
Pour 1,2 kg de pâte : 500 g de farine, 300 g de beurre à température, 190 g de sucre glace, 60 g de poudre d'amande, 2 œufs, 4 pincées de fleur de sel, l'intérieur d'une demie gousse de vanille.
Tamiser la farine et le sucre glace, séparément. Cassez les œufs dans un bol. Mettez le beurre dans le bol d'un robot équipé du couteau plastique. Malaxer le à vitesse moyenne pour l'assouplir et l'homogénéiser puis ajouter successivement le sucre glace, la poudre d'amande, le sel, la vanille, les œufs et enfin la farine.
Dès que la pâte forme une boule, cesser de faire tourner l'appareil. Il ne faut plus la toucher sous peine de perdre sa texture finement sablée. Peser la en morceaux de 240 g, les aplatir en disques de 10 cm de diamètre et les filmer.
Vous pouvez conserver cette pâte 48 heures au réfrigérateur ou bien alors la congeler.
Si vous voulez travailler la pâte de suite je vous conseille de la laisser au moins 30 minutes au frais avant de la dresser dans un moule.

POT AU FEU BRUNO VERJUS

Ingrédients
1,8 kg de Paleron
bouquet garni :
1 gros oignon, 2 carottes,
1 navet, 1 côte de céleri,
5 brins de persil plat,
2 feuilles de laurier,
1 brin de thym,
1 cuillère à
à soupe de gros sel,
quelques grains de poivre
et de coriandre, quelques
feuilles de livèche.
Pour l'accompagnement :
4 carottes jaunes longues,
4 carottes boules orange,
4 carottes violettes,
4 radis longs « ice »,
4 poireaux,
4 navets, 8 petites pommes
de terre vitelotte, 1 céleri
rave, 1 betterave rouge
longue, ou tout autre
légume de votre choix !
(aubergine, courgette,
fenouil, rattes, panais,
courge...)

Matériel
1 grand faitout
1 poêle
1 cuit vapeur
1 couteau effilé et
bien aiguisé
1 rasoir à légumes
papier absorbant

Vins
Gevrey Chambertin « les
Perrières », Pacalet
un vrai pinot acidulé
et frais, belle maturité,
grande longueur
Cheverny « les Ardilles »
Villemade
Belle expression du pinot
noir et du gamay
pour un vin de fruit tout
en buvabilité

Image
pousse de petits pois,
éloge du temps

Dans cette recette j'évoque un mode de cuisson un peu particulier. Il consiste à cuire un légume dans son eau de végétation en l'emprisonnant dans du film cellofrais. Ce type de film alimentaire résiste jusqu'à une température de 180 °C et permet par exemple de cuire des aubergines mais aussi des grosses carottes, des céleris boule, des panais, etc.
Ensuite il suffit juste de laisser reposer le légume dans le four porte demi-ouverte le même temps que son temps de cuisson (généralement 40 minutes). On peut le servir avec juste un peu de beurre salé et/ou de un peu de moutarde d'Orléans d'Alain Passard et Martin Pourret.

Progression

La veille faire le bouillon de légume et cuire le paleron. Pour cela mettre dans un grand fait-tout ce que j'appelle mon bouquet garni. Ficeler la côte de céleri avec le persil plat, le thym et le laurier. Ajouter les grains de poivre et de coriandre.
Ajouter environ 3 litres d'eau et porter à ébullition. Laisser ainsi infuser les herbes, épices et légumes un bon 1/4 d'heure à tout petit bouillon. Écumer si besoin pour avoir une surface très claire.
Plonger le paleron dans ce bouillon et le laisser cuire à tout petit feu pendant 4 heures. Après cuisson le laisser tel quel dans le bouillon jusqu'au lendemain.
Sortir le paleron du bouillon, le débarrasser de ses aponévroses et graisses. Dégraisser le bouillon, en prélever 1/2 litre et faire réduire à petit bouillon. Réserver le reste du bouillon dans une grande casserole et faire tiédir.
Envelopper les aubergines dans du film alimentaire, les cuire à four 160 °C pendant 40 minutes. Les laisser encore 40 minutes dans le four porte demi-ouverte. Les sortir, les couper en deux longitudinalement, récupérer la pulpe, saler et réserver. On peut aussi cuire le céleri boule de la même manière et le découper ensuite comme un melon.
Éplucher et tourner tous les légumes en gardant 2 à 3 cm de feuilles ou tiges vertes. Cuire les légumes à la vapeur en veillant à ce qu'ils restent *al dente*. Mettre tous les légumes dans le bouillon tiède.
Couper le paleron en tranches épaisses de 2 cm, les recouper ensuite tous les 2 cm de manière à obtenir des bûchettes de 2 cm sur 2 cm. Faire chauffer le beurre et le clarifier. Dans la poêle verser le beurre clarifié et un peu d'huile d'olive. Faire croustiller les bûchettes sur tous les côtés, à feu vif.
Répartir les légumes au gré de leurs couleurs et formes dans les assiettes creuses, parsemer le dessus de feuilles et d'herbes. Placer sur le dessus deux bûchettes en croix, verser un peu de bouillon réduit au fond de l'assiette. Parsemer de fleur de sel, de poivre Sarawak moulu et de quelques gouttes d'huile d'olive.

Ingrédients
1 kg de basse côte hachée ou de rumsteck haché
2 œufs entiers
1 yogourt au lait entier
1 botte de persil plat
1 botte de ciboulette
2 gros oignons
1/4 de baguette de pain rassise
40 g de beurre cru
10 g de sel fin
5 g de poivre juste moulu
le jus d'un citron
2 cuillères à café de moutarde forte
1 pot de 500 g de double crème fraîche
huile d'arachide
chapelure

Matériel
1 bol inox
1 couteau effilé et bien aiguisé
film alimentaire
1 planche à découper
1 poêle à frire
1 petite casserole
1 assiette plate (pour la panure)
2 cuillères à soupe
papier absorbant

Vins
Château Meylet, Saint Emilion
Château Soutard, Saint Emilion
Domaine Jaugaret, Saint Julien

KATELETIS DE MAMAN GAZOUILLE

Une fois l'an et j'espère encore pour quelques années, Maman Gazouille, arrière grand-mère de Caroline, ma femme, nous concocte le repas d'anniversaire de son fils Régis, père de Caroline.
Merci à Maman Gazouille que j'aime et qui sera centenaire cette année 2005.
Le repas débute par un bortsch, suivit par les fameux kateletis, croquettes de viande d'origine russe. Recette transmise de génération en génération et depuis le fond des steppes, aujourd'hui en ma possession. Je vous en livre une version recueillie oralement avec les probables défauts de ses qualités.

Progression
Faire compoter dans 20 g de beurre les oignons coupés en petits morceaux ou passés à la mandoline japonaise.
Lorsque vos oignons sont devenus presque translucides, comme transpercé de beurre, les laisser refroidir tel quel dans la casserole.

Tremper le 1/4 de baguette bien sèche et rassise quelques minutes dans de l'eau tiède. Bien presser ce pain entre vos mains pour l'essorer puis le mettre en miettes.

Effeuiller la botte de persil, puis couper finement au couteau. Dans le bol inox mélanger, le pain, la viande hachée, le persil plat coupé, les oignons, les 2 œufs entiers, le yaourt, le sel et le poivre. Bien mélanger avec vos mains pour obtenir une farce homogène.

Préparer la crème pour accompagner ces kateletis.
Mélanger la botte de ciboulette coupée finement avec la crème, la moutarde et le jus du citron, saler et poivrer.

Faire fondre le reste de beurre doucement dans la poêle, le clarifier et ajouter un peu d'huile d'arachide.
Travailler votre farce avec deux cuillères à soupe de manière à obtenir de jolies quenelles bien oblongues. Les passer rapidement dans la panure et les cuire dans la poêle. Vos kateletis doivent être bien dorés, mais rester assez moelleux, donc peu cuit à l'intérieur.

Servir avec des pommes de terre sautées au beurre cru et la sauce crème et ciboulette. On peut même manger ces croquettes tièdes avec une salade.

Ingrédients
600 g de semelle
1 petite échalote
1 cuillère à soupe de caprons
1 cuillère à soupe de feuilles persil plat haché
quelques tiges de ciboulettes ciselées
4 beaux anchois de Collioure au sel
4 belles olives de Séville
1 cuillère à café de Wocestershire sauce
1 cuillère à café de vinaigre de vin
2 cuillères à soupe d'huile d'olive
4 jaunes d'œufs dans leur coquille
fleur de sel

Matériel
1 couteau effilé et bien aiguisé
1 planche à découper
film alimentaire

Vins
Bordeaux côte de franc, cuvée Marie Cécile, Le Puy
Discret, racé, très élégant, avec un fruité d'épices douces, très raisin
Vosne Romanée monopole, clos goillotte, Prieuré Roch
Racé et élégant, le pinot dans toute sa complexité et sa finesse
Morgon, côte du Py, Jean Foillard
Gamay qui pivoine, caressant, souple et friand, léger épicé et fruité

SEMELLE DE VACHE EN TARTARE, ANCHOIS, GROSSES OLIVES DE SÉVILLE, POMMES PAILLASSON

La semelle, autrement et précisément nommée le long vaste est un muscle de la cuisse. Je vous conseille aussi un morceau de collier épluché ou encore un morceau de talon de tranche.

Progression

Hacher la viande au couteau : rien de plus rapide et simple. Pour cela utiliser une grande planche à découper et un grand couteau de cuisine très bien affûté. Commencer par couper votre pavé de rumsteck en tranches de cinq millimètres d'épaisseur. Puis empiler ces tranches les unes sur les autres par groupe de cinq par exemple et les trancher à nouveau en lanière de cinq millimètres. Tourner votre planche de quatre-vingt-dix degrés et couper les lanières en cubes de 5 millimètres. Voilà c'est fait. Vous pouvez si vous le souhaiter recouper en gros vos cubes ainsi obtenus pour réduire encore la taille du haché.
Pour dessaler légèrement les anchois les désarrêter et les laisser en filets sous l'eau claire, puis les hacher avec le persil, les olives, les caprons et l'échalote.

Quelques minutes avant de le servir à table, mélanger tous les ingrédients du tartare avec la viande. Dresser le tartare au milieu d'une assiette avec un cercle à pâtisserie.

Servir avec une salade jeune pousse et une belle poêlée de pommes paillassons.

Râpez 800 g de pommes de terre préalablement épluchées, à la grosse grille (comme pour des carottes râpées) ajouter deux oignons blancs nouveaux râpés eux aussi, quelques dés de jambon sec fumé (speck), un peu de ciboulette hachée, 1 œuf entier. Bien mélanger et façonner de petites galettes. Il ne reste plus qu'à les faires rissoler tendrement dans une belle poêle beurrée. Lorsqu'elles sont dorées et croustillantes, les laisser quelques instants sur un papier absorbant et les servir bien chaudes.

Ingrédients
1 kg de carottes
300 g de yogourt Turc
gros sel gris de mer
1/4 de jus d'orange
huile d'olive vierge de Gratte Semelle
fleur de sel
1 tour de moulin à poivre

Matériel
1 grande casserole
1 bol inox
1 passoire
1 rasoir à légumes
1 bol inox

Bandol blanc, Château Saint Anne
Issu de terroirs calcaires donnant des vins mûrs, frais et élégant

Vins
Bandol blanc, Château Saint-Anne
Issu de terroirs calcaires donnant des vins mûrs, frais et élégant

CAROTTES RÂPÉES TRÈS PEU CUITES, YOGOURT DE BODRUM TRÈS FROID

C'est à bord d'IL FRATELLO que j'ai découvert ce plat traditionnel de Bodrum en Turquie. Servi très froid en entrée, il gourmande comme un dessert. J'y ai apporté une touche personnelle par l'adjonction de jus d'agrumes

Progression

Éplucher les carottes avec le rasoir à légumes. Faire bouillir une grande casserole d'eau. Saler à ébullition d'un jet de gros sel gris. Remplir un bol inox d'eau glacée.

Râper les carottes dans le sens de la longueur, toujours avec le rasoir à légumes, pour obtenir de longs filaments. Les plonger dans l'eau bouillante pour une durée d'une minute, pas plus. L'idée est d'obtenir des lasagnes de carotte « al dente »

Égouttez les carottes sitôt cuites. Bien les rafraîchir dans l'eau glacée et les égoutter dans une passoire ad hoc.

Assaisonner le yogourt avec le jus d'orange et le poivre, mélanger avec les carottes. Laisser bien refroidir dans votre réfrigérateur.

Servir bien frais et ajouter dans chaque assiette quelques gouttes d'huile d'olive et un peu de fleur de sel. L'usage dans ce cas précis de la fleur de sel est très intéressant. Les carottes sucrées contrastent avec la fleur de sel dont l'objectif est donner des pics de sel dans votre bouche et retraduire un équilibre sel/sucre.

On peut remplacer le yogourt Turc par un bon yogourt Grec, Bulgare ou de brebis, bien épais et donnant une bonne sensation crémeuse.

JOËL THIEBAULT

Comme un spéléologue qui aurait au hasard d'une exploration rencontré une grotte magique remplie de trésors cachés, j'ai lors de l'une de mes pérégrinations, trouvé, découvert puis ensuite révélé Joël Thiebault.
C'était en 1997, je venais d'emménager dans le quartier de la Madeleine ayant quitté le beau quartier du marché d'Aligre. Je me voyais en peine de trouver un marché nouveau, de qualité et pas trop éloigné. Mes pas me conduisirent sur le marché du Président Wilson tout à côté de la place de l'Alma.
Quelques jours auparavant j'avais rencontré un garçon étrange et curieux de tout qui s'apprêtait à boucler son livre. Un livre sur les tomates justement baptisé *Tomates* ; Patrick Mikanowski. J'y avais alors appris que les tomates étaient aussi des variétés anciennes, exotiques aux noms étranges et déjà savoureux : green zebra, collections russes, andines cornues, kaki, noire de Crimée, evergreen, ananas, rose de Berne, corrogo. Tomates inconnues de nous tous à l'époque.
Cheminant sur ce marché déjà quelquefois parcouru, je laissais traîner mon oreille aux stands de maraîchers. J'entendis un jour parler d'un autre producteur qui présentait des tomates « bizarres ». Fort de ma nouvelle éducation sur le sujet je trouvais sans peine de quoi il s'agissait. Les fameuses tomates mises en scène par Mika quelques semaines auparavant. Illico je l'informais sur son portable de la trouvaille. Quelques jours plus tard, Joël Thiebault entrait par la grande porte dans le cercle ultra fermé des amis de la tomate de collection et quelques mois plus tard il s'établissait aux yeux de tous, producteur de légumes en voie de réapparition.

Joël est l'héritier d'une longue tradition de maraîchage aux portes de Paris, six générations. Ses champs donnent directement, à moins d'un kilomètre à vol d'oiseau, sur l'arche de la Défense.

Joël fait parti de ceux qu'il fallait impérativement révéler et faire connaître pour que d'autres donnent une juste place aux légumes dans la cuisine. La mienne s'en est trouvée tout à fait changée et celle des plus de cent grands chefs qu'il fournit aujourd'hui aussi.

Ingrédients
200 g. de filet de bar
1/2 jus de citron jaune
8 huîtres Prat Ar Coum
2 cuillères à soupe d'huile d'olive
1/4 d'oignon rouge
un peu de ciboulette fraîche
1 tour de moulin à poivre
gros sel blanc

Matériel
1 couteau effilé et bien aiguisé
1 bol inox
papier absorbant

Vins
Saint Bris, De Moor
Grande maturité, vin racé mais facile d'accès, simplement gourmand

Chablis « rosette » Alice et Olivier De Moor
La finesse et la délicatesse d'un chardonnay « beaunois », pur, note claire de terroir
Touraine « buisson pouilleux », Puzelat
Sauvignon de très vielle vigne, mûr, exubérant tout en restant vif et incisif.

BAR CRU, IODÉ D'HUÎTRES PLATES PRAT AR COUM

Veiller à servir ce plat assez froid mais pas glacé. L'iode qui vous traverse et vous emporte doit prendre sa puissance en se réchauffant au contact de votre palais.

Progression
Juste avant de servir. Ouvrir les huîtres par l'arrière ou sur le côté selon votre obédience.
Faire couler la première eau, en profiter pour passer votre doigt sur l'huître pour évacuer les éventuels petits morceaux de coquille.
Réserver les Prat Ar Coum au frais
Sécher les filets de bar avec le papier absorbant. Les couper en morceaux de 5 mm sur 5 mm environ. Les rafraîchir par un petit séjour au réfrigérateur
Détacher les huîtres de leur coquille en sectionnant le pied. Versez l'eau de mer dans le bol inox. Placer les huîtres et les coquilles vides à nouveau au frais.
Préparer le jus comme suit: soit 2 cuillères à soupe de chaque ingrédient; eau de mer, jus de citron et huile d'olive. Ajouter une pincée de ciboulette hachée et d'oignon rouge passé à la mandoline japonaise (orange).
Mélanger le bar cru avec ce jus.
Poser environ une cuillère à soupe de bar cru par coquille d'huître et placer sur le dessus l'huître Prat Ar Coum. Poivrez légèrement l'huître. Servez aussitôt. L'ensemble doit être bien froid. Vous pouvez utiliser le gros sel blanc pour « caler » les coquilles dans vos assiettes.

Ce plat peut être servi sous forme de mise en bouche à raison d'une huître par personne ou sous forme d'entrée à raison de 2 ou 3 huîtres par personnes. Modifier la recette en conséquence.

Il est important de laver les oignons en ôter les arômes trop prégnants. Pour cela faire tremper vos oignons coupés dans de l'eau froide pendant 2 heures en renouvelant l'eau assez régulièrement. Vous aurez ainsi des oignons très goûteux et sans effets indésirables.

Ingrédients
1 belle truffe melanosporum de 150 g.
300 g de comté de garde exceptionnelle – affinage d'au moins 3 ans

Matériel
1 couteau effilé et bien aiguisé

Vins
Savagnin,
Arbois Pupillin,
Pierre Overnoy
Emmanuel Houillon

TUBER MELANOSPORUM, COMTÉ DE GRANDE GARDE

Rendez-vous de la terre, de la minéralité, du sol.
L'association ultime de deux produits exceptionnels et d'un vin hors norme. Probablement l'une de la plus grande expérience gustative que l'on puisse faire. Merci Alain Passard de m'avoir fait découvrir cette combinaison truffe/comté. Merci à M. Antony au Vieux Ferrette de commercialiser d'aussi rares comtés de grandes gardes.

Juste pour tordre le cou à une idée reçue : les petits grains qui craquent sous les dents dans ces comtés de grandes gardes ou de gardes exceptionnelles (plus de 36 mois) ne sont pas des grains de sel comme on le croit à tort, mais un acide aminé, la tyrosine.
Elle se développe dans ce type de « grands » fromages au bout de 18 à 24 mois. Les comtés de grandes gardes sont rares et issus de lait de regain – laits de septembre et d'octobre venant de la deuxième pousse des innombrables plantes et graminées. – qui habitent les beaux pâturages jurassiens.

Progression
Couper la truffe en lamelle de 7 à 8 millimètres d'épaisseur (et oui assez épais pour une fois !) et coupez le comté en tranches de 5 centimètres.

Surtout manger, croquez les deux, presque en même temps ou alternativement.
Ayez une pensée émue pour le bon Pierre Overnoy qui nous gratifie de ce qu'il y a sans doute de mieux au monde, son jaune et son ouillé.

Image
croûte de comté de grande garde

FÉVETTES ET CÈPES QUAND C'EST CRU C'EST CUIT

Ingrédients
1 kg de févettes
8 petits cèpes
huile d'olive Mani
fleur de sel
parmesan « regianno » de vache rouge
gros sel gris

Matériel
1 couteau
1 grande casserole
1 mandoline japonaise
1 cercle à pâtisserie rond de 12 cm de diamètre
papier absorbant

Vins
Cours Cheverny « pépère » les vins contés
Rare cépage romorantin, dense, riche, massif avec un léger oxydatif, vin rare
Arbois Pupillin, vin jaune, Overnoy-Houillon
Complet, blanc à caractère de rouge, profond avec un oxydatif qui apporte fraîcheur et une incroyable longueur

Progression
Écosser les févettes et les blanchir dans une grande quantité d'eau bouillante salée. Les cuire 1 minute et les rafraîchir immédiatement dans un bol inox rempli d'eau et de glaçons. Dérober les févettes de leur deuxième peau. Avec le couteau ôter la terre accrochée au pied des cèpes et enlever les quelques impuretés collées sur le pied ou le chapeau ; les frotter délicatement avec un papier absorbant surtout sans casser le chapeau.
Couper les cèpes en fines tranches avec votre couteau dans le sens longitudinal pour obtenir une coupe : pieds et chapeaux.

Dans une grande assiette blanche, poser délicatement les févettes à plat au milieu du cercle à pâtisserie puis les tranches de cèpes.

Assaisonner d'un peu d'huile et de fleur de sel (très peu de sel)

Poser enfin les tranches de parmesan passées par la mandoline, ajouter quelques gouttes d'huile Mani.

Il faut utiliser les premiers cèpes et les premières févettes vers la mi-juin. Ces produits doivent être exceptionnels pour que cette entrée prenne toute sa dimension esthétique, gustative et pure.

MOUSSE DE CHOCOLAT ARAGUANI, ORANGES DE SÉVILLE PELÉES À VIF

Ingrédients
170 g de chocolat amer araguani (Valrhona)
80 g de lait entier
le jaune d'1 gros œuf
les blancs de 4 gros œufs
20 g de sucre semoule
le jus d'1 orange de Séville
4 belles oranges de Séville
1 pincée de sel fin

Matériel
1 casserole
2 bols inox cul de poule, 1 grand un moyen
1 fouet
1 Maryse, 1 mixer

Vins
Muscat cap corse, Aréna
Exubérant, aérien, brillant, concentré et frais : rare
Banyuls nature, Duchène
Souple, fin, élégant, velours, tout en douceur sur un fruité oriental

Progression
Faites fondre le chocolat au bain marie ou au micro onde. Porter le lait à ébullition, puis verser sur le chocolat encore chaud. À l'aide du fouet mélanger intimement le lait au chocolat et incorporer délicatement le jaune d'œuf.

Au mixer, battre doucement les blancs en neige. Dès qu'ils forment des crêtes molles passez à la vitesse supérieure et ajouter progressivement le sucre. Continuer jusqu'à ce qu'ils soient fermes mais encore brillants.
Délicatement incorporer au fouet d'abord environ 1/3 des blancs au mélange chocolat puis le reste. Bien mélanger le tout doucement au fouet. Ajouter le jus d'une orange de Séville.

Débarrasser la mousse dans un grand saladier et réserver au réfrigérateur pendant au moins une heure pour qu'elle prenne.

Servir avec une salade d'oranges de Séville pelée à vif et assaisonnées de quelques gouttes d'huile d'argan et de fleur d'oranger.

Ingrédients
1 belle poularde de Bresse de 3 kg environ non bridée
20 g de beurre clarifié
1/4 de jus de citron
sel fin

Pour la purée
750 g de pommes de terre œil de perdrix
150 g de beurre cru
lait
1/2 jus de citron

Matériel
1 couteau effilé et bien aiguisé
1 grande cocotte Staub en fonte
1 pistolet laser Rayter « raynger ST »
1 fourchette à piquer (diapason)
1 presse agrumes
1 presse purée
1 fouet
1 plaque de four
1 planche à découper
film alimentaire

Vins
Brézé blanc, Clos Rougeard, Foucault
Un chenin qui montrache, brézé un terroir magique dont les frères Foucault sont les magiciens
Puligny Montrachet, domaine de Chassornay
Le génie d'un grand vigneron au service d'un grand terroir pour un vin exceptionnel de minéralité et de fraîcheur.

POULARDE DE BRESSE RÔTIE SUR LE CROUPION, PURÉE D'ŒIL DE PERDRIX LÉGÈREMENT CITRONNÉE

Progression
Faire chauffer votre cocotte Staub sur un tout petit feu. La cocotte doit rester à moins de 80 °C de façon à ce que la volaille elle ne dépasse pas 65 °C dans ses chairs.

Saler votre poularde au sel fin sur tous les côtés et à l'intérieur. Une fois le beurre fondu placer la volaille dans la Staub et la rôtir délicatement sur tous les côtés. Pour cela la laisser rôtir environ dix minutes sur un côté puis la laisser reposer le même temps sur le croupion (oui ! elle tient debout toute seule comme cela, c'est moins facile au début puis de plus en plus simple). Puis recommencer. Ajouter le foie, le cœur, le cou, la tête, le gésier dans le fond de la cocotte ; ils vont cuire tout seul.
En fait nous utilisons les os de la cage thoracique et tous les os, comme des résistances chauffantes. Les graisses vont fondre très doucement et nourrir les chairs puis s'écouler un peu dans le fond de la cocotte ; nous allons au fur et à mesure les récupérer pour dorer toute la volaille. Le beurre clarifié est un précurseur, le gras de la poularde un finisseur.
La cuisson prend environ 3 heures. C'est long et l'on est obligé de rester au côté de sa petite poularde pendant tout ce temps. Mais quelle belle formation au goût. La fin ? La poularde est toute dorée et croustillante et les chairs sont d'un blanc rosé doux et fondant comme une joue d'Anglaise.

En fin de cuisson laisser la poularde sur le croupion encore trente minutes, tous feux éteints avant de la découper et la servir.
Vous allez profiter de ce mode de cuisson inédit pour faire sortir vos convives du manichéisme : blanc ou cuisses (noir) ?
Préparez de belles grandes assiettes blanches et chaudes et servez un peu de tout, un peu de blanc, un morceau de cuisse tranchée en deux avec l'os, un morceau d'après cuisse, d'aile, de foie, de croupion, de cou ou de tête, pourquoi pas.
Arroser du jus que vous aurez préalablement déglacé d'un trait d'eau tiède et du 1/4 de jus de citron au fond de la Staub.

Purée : cuire à la peau les 750 g de pommes de terre dans l'eau salée, les égoutter et les dérober. Les passer au presse-purée, incorporer le beurre et le lait jusqu'à consistance choisie assaisonner avec le sel le poivre et le 1/2 jus de citron.

Ingrédients
500 g de haricots pigna d'Imperia
4 tranches de pancetta
4 cives
1 beau mélange d'herbes telles que ciboulette, persil plat, coriandre, thym, cerfeuil, livèche, feuilles de moutarde, pimprenelle, etc.
2 pincées de fleur de sel
1 cuillère à soupe d'huile d'olive
2 cuillères à soupe de vinaigre de vin

Matériel
1 poêle antiadhésive
1 casserole
1 couteau effilé et bien aiguisé
1 cul de poule
papier absorbant

Vins
Cerdon du Bugey, Bartucci
Fruité rouge, légèreté et gourmandise à la fois, croquant
Morgon « côte du Py », Foillard
Gamay qui pivoine, caressant, souple et friand, léger épicé et fruité

HARICOTS PIGNA, CIVES, HERBES DU JARDIN, PANCETTA CROUSTILLANTE

C'est mon camarade Pépino qui m'a initié à cette belle région d'Impéria et à ses pratiques gastronomiques.

Progression
Faire tremper les haricots pigna la veille dans un cul de poule rempli d'eau froide. Le couvrir d'un film alimentaire et les réserver au frais.
Le lendemain les égoutter et les cuire à feu très doux pendant 20 minutes surtout sans les saler. Les passer immédiatement et rapidement sous l'eau glacée sans les refroidir totalement.

Préparer une vinaigrette avec 1 cuillère à soupe de vinaigre, le sel et 2 cuillères à soupe d'huile d'olive. Hachez finement les cives en entiers et les herbes du jardin.
Mélangez le tout avec les pigna encore tièdes. Gardez quelques herbes hachées pour ajouter dans les assiettes.

Chauffer la poêle à blanc. Poser les tranches de pancetta et les faire griller des deux côtés. Les déglacer avec un peu de vinaigre
Dresser la salade pigna dans des petites assiettes creuse. Ajouter quelques herbes restantes, donnez un tour de moulin à poivre glisser quelques grains de fleur de sel et poser la tranche de panchetta. Servir. Ce plat se mange tiède ou presque froid.

J'ai spécialement sous dosé en huile la vinaigrette pour avoir un acide présent mais aussi pour pouvoir ajouter un beau filet d'une huile d'olive d'Impéria par exemple et profiter encore plus de son fruité de l'huile sur ces beaux haricots qui sont issu de la même région.

Image
haricot pigna de Imperia

CHRIS ET HUGO DESNOYER

Régalez-vous, telle est la devise de ce grand garçon habillé de blanc, aux allures de chirurgien. Hugo est absorbé à la découpe d'une côte de veau. Le geste est précis, les doigts gantés séparent, le couteau pivote et tranche à nouveau, un assistant éponge d'un linge immaculé un filet de sang coagulé et égaré là, entre deux os. La découpe s'est bien passée. Hugo confie la côte au même assistant qui la « finira » en l'emballant avec soin dans un papier paraffiné. Voilà Madame, c'est prêt.

Hugo donne ses instructions en louchebem à ses cinq collaborateurs. *Lorsen loimes l'ongletmuche liembé lorissem de la lambrechem loidefré.*

Voilà, Hugo Desnoyer est un homme jeune, rapide, précis, pressé et très professionnel. Sa femme, Chris, le seconde avec passion et dévouement, elle est son ombre et sa lumière.

Sa boucherie est l'une des plus belles affaires de Paris. Leur succès, ils ne le doivent qu'à la qualité de leur travail, leur acharnement à ne rien laisser au hasard, leur conviction profonde qu'il faut apprendre toujours et encore de ceux qui savent.

Hugo m'a appris à mieux connaître le veau, certaines races comme le limousin ou le bazadais. Il m'a fait découvrir certains morceaux que l'on peut cuisiner tout doucement comme celui que je nomme le cuir de veau.
Hugo, tu nous régales.

Régalez-vous.com

Pour 4 croque-monsieur
Ingrédients
8 tranches de pain de campagne boule
1 truffe « tuber melanosporum »
100 gr de beurre cru demi-sel

Matériel
1 couteau a pain
1 râpe à truffe ou un couteau avec une lame fine et parfaitement aiguisée

Vins
Chardonnet blanc 2000 de Pierre Overnoy

TUBER MELANOSPORUM EN CROQUE-MONSIEUR

J'aime préparer les croques monsieur la veille,
le « gras » du beurre piège plus complètement les arômes de la truffe.
On emballe les croques crus dans du cellofrais et on les laisse
au réfrigérateur 24 heures. Le jour J on les toaste.

Progression
Sortir votre beurre du frigo et le laisser à température ambiante environ une heure avant de faire la recette. Faire chauffer votre four à 200 °C.
À l'aide du couteau à pain (couteau-scie), tranchez le pain de campagne boule en tranches de 1,5 cm d'épaisseur. Beurrez largement les tranches sur un seul côté. Découpez les truffes en fines lamelles avec la râpe ou avec un couteau fin et très affûté. Confectionner les croques en disposant sur la face beurrée d'une tranche de pain les lamelles de truffe pour la recouvrir complètement et refermez le croque-monsieur de la seconde tranche de pain, face beurrée contre les lamelles de truffe.
Enfournez les croques dans un four chauffé à 200 °C. Surveiller les croques, lorsqu'ils sont dorés sur la face supérieure, les retourner pour dorer l'autre face. Sortir les croques du four et les laisser reposer 5 minutes.
Coupez-les en 2 ou en 3 et servir.

Servir avec une belle salade de mâche ou un mesclun d'hiver.

Image
pain au levain

Ingrédients
1 bar de 1,5 kg environ (faites-le vider et non écailler et faites lever les deux filets).
1/2 jus de citron jaune
8 branches de fenouils verts et bronze
100 g de beurre cru demi-sel
1 tour de moulin à poivre
un peu de gros sel

Matériel
1 couteau effilé et bien aiguisé
1 casserole
1 grande poêle
papier absorbant

Vins
Mâcon viré-clessé Valette
Finesse du grain, vin tendu, minéral, finalement gras et gourmand

BAR AUX FENOUILS VERT ET BRONZE COMME À KER VIROUX

Dans cette recette l'on cuit le poisson comme le font les marins de l'Île d'Yeu, sur leurs écailles Aucun risque ainsi de voir se dessécher les chairs.

Progression
Hacher très finement le fenouil au couteau, en réserver quatre pincées, puis le faire pocher dans le beurre fondu. Veiller à ce que le beurre ne chauffe pas au-delà de 40 °C.
Sortir du feu et laisser le fenouil infuser ainsi pendant au moins 1/2 heure. Les arômes vont se « piéger » dans le gras du beurre.

Faire chauffer une grande poêle à poisson avec un peu de gros sel au fond. Couper les deux filets dans la largeur pour obtenir 4 portions.

Cuire le bar sur la peau pendant 5 à 6 minutes. La chair va « prendre » et blanchir un peu. Lorsque le dessus de la chair est encore translucide, couper le feu et laisser les filets dans la poêle chaude, le temps de mettre en place.

Filtrer le beurre de fenouil, le chauffer légèrement et rectifier en sel, poivre et citron. Disposer les filets côté chair sur le dessus dans les assiettes. Verser un peu de beurre et ajouter une pincée de fenouil frais.

J'aime servir ce plat avec des feuilles de tétragone ou de chénopode à peine tombées dans un beurre cru demi-sel ou citronné.

Image
inflorescence de fenouil

TARTARE DE BŒUF ET GRAS DE SÈCHES EN TROMPE BOUCHE

Ingrédients
200 g de talon de tranche
50 g de gras (blanc) de seiche
1 jaune d'œuf
quelques gouttes de sauce Worcester
1 cuillère à soupe d'huile d'olive
1 cuillère à café de wasabi
le jus d'un demi-citron
fleur de sel
1 tour de moulin à poivre

Matériel
1 couteau effilé et bien aiguisé
3 bols inox
papier absorbant
Film étirable

Vins
Champagne, Egly ouriet millésimé
Côte du Roussillon soif du mal, Foulards rouges

J'aime cette petite mise en œil tout en trompe bouche.
D'abord l'on croit à un tartare de bœuf très persillé : blanc.
Ensuite en bouche on a une impression de mâche très en volume comme si la viande de bœuf pourtant coupée finement était très épaisse, très tendre et fondante en même temps. Ce gras de sèche lui confère de la personnalité et une gourmandise absolue.

Progression
Couper la viande de bœuf en tranche de cinq millimètres d'épaisseur, entasser 5 tranches les unes sur les autres puis recouper les tranches en lanières de cinq millimètres d'épaisseur. Poser les lanières en cote à côté en tas et les recouper en cubes de cinq millimètres d'épaisseur. Réserver dans le bol inox couvert de film étirable au frais.
Faire de même avec le blanc/gras de seiche, réserver dans un bol filmé au frais.

Mélanger le jaune d'œuf avec l'huile et la Worcester sauce, y ajouter le wasabi râpé ou en tube puis le citron. Mélanger avec la viande coupée au couteau et le gras de seiche.
Donnez un tour de moulin à poivre. Servir bien frais dans des petites cuillères chinoises en porcelaine blanche.

SORBET DE CHOCOLAT GUANAJA, GRAINS DE MAÏS SUCRÉS SOUFFLÉS

Ingrédients
200 g de chocolat amer de type Guanaja chez Valrhona
200 g de sucre semoule
500 g d'eau
quelques grains de maïs sucrés soufflés

Matériel
1 turbine à glace ou sorbetière
1 grand bol inox rempli de glaçons et d'eau
1 bol inox d'1 litre
1 cuillère en bois
1 fouet
1 casserole

Vins
Banyuls, rancio sec, « cap d'en creux », Domaine de la Tour Vieille
Arôme de cacao sec, bouche très pure.

La qualité du chocolat est l'âme de cette recette, la légèreté et la subtilité des arômes ainsi obtenus sont diaboliques.

Progression
Mettre l'eau, le sucre et le chocolat finement haché dans une casserole, porter à ébullition sur feu doux en remuant fréquemment. Compter environ 10 minutes.
Puis remuer sans vous arrêter en faisant attention car ce mélange fait de gros bouillons. Faire bouillir comme cela environ deux minutes. Le mélange épaissit et devient incroyablement crémeux.
Débarrasser cette préparation dans le bol inox, lui-même préalablement placé dans un grand bol inox rempli de glaçons et d'eau froide. Laissez refroidir en fouettant le mélange de temps en temps.

Turbiner le mélange à la sorbetière en suivant les instructions de son fabriquant.

Lorsque le sorbet est pris, au moment de servir, ajouter les grains de maïs.

Servir de belles quenelles dans des bols et parsemer de quelques grains soufflés.

Quel bonheur que celui de pouvoir turbiner une glace ou sorbet « à la minute » juste avant de la déguster.

RAVIOLI DE BETTERAVE TONDA DI CHIAGGIO

Ingrédients
1 betterave jaune tonda di chiaggio
1 betterave rouge tonda di chiaggio
St-Moret ou Samos ou triple crème de type Philadelphia
fleur de sel
huile d'olive disisa
1 tour de moulin à poivre Sarawak

Matériel
1 couteau effilé et bien aiguisé
1 casserole de taille moyenne
1 mandoline ou râpe japonaise
papier absorbant

Vins
Pommard, Pacalet
Vosne-romanée clous, Prieuré-Roch

Progression
Éplucher et faire cuire les 3 betteraves jaunes à l'eau bouillante salée en les gardant croquantes, 4 minutes. Les passer ensuite sous l'eau glacée, les égoutter, les sécher, les détailler en fines rondelles à l'aide d'une mandoline ou d'une râpe japonaise.

Éplucher 3 betteraves rouges crues, les râper comme pour des carottes, les assaisonner d'huile d'olive, de vinaigre d'alcool blanc (très peu) de fleur de sel et de poivre Sarawak. Dresser une rondelle de betterave jaune dans une assiette, une noix de St-Moret ou de Samos ou de Philadelphia, recouvrir d'une autre rondelle, poser un peu de betterave rouge crue râpée et assaisonnée. Recommencer de la même façon pour le reste des éléments.

Faire en sorte de râper les betteraves crues au dernier moment pour qu'elles gardent leur côté « croustillant » et contrastent ainsi avec le moelleux de la betterave cuite et le « gras » salé du fromage.
Cette recette fonctionne aussi très bien avec des grosses carottes jaunes du Doubs en lieu et place des betteraves.

POULET CRAPAUDINE
JUSTE RELEVÉ DE PIMENT ROUGE FEUILLES DE ROQUETTE – FRITES CÉLESTES

Ingrédients
1 beau poulet fermier de 1,5 à 2,5 kg environ
le jus et un peu du zeste d'un citron jaune
le jus d'un citron vert
4 pincées de piment d'Espelette en poudre ou d'un peu de piment râpé
fleur de sel
1 botte de roquette
20 g de beurre cru demi-sel

Pour les frites célestes
3 kg de pomme de terre bintje
Huile de tournesol pour remplir votre friteuse
1 friteuse
papier absorbant de chez ED
1 couteau effilé
1 planche à découper
sel fin

Matériel
1 couteau effilé et bien aiguisé
1 zesteur
1 presse agrume
1 plaque de four
1 planche à découper
film alimentaire

Vins
Saumur Champigny, Château Yvonne
Vin de pays de l'Ardèche, Mazel

Cette recette empruntée à la belle Suzy Peltriot, honore les plus belles volailles. La cuisson crapaudine est assez rapide et la macération par le jus des citrons de la peau des gallinacés favorise leurs croustillant.
La touche de piment enflamme nos appétits.
Suzy, immense cuisinière, fait aussi les meilleures frites du monde. Elle a bien voulu me confier sa recette et ses secrets.

Progression
Trousser votre poulet façon crapaudine, c'est-à-dire l'ouvrir en partant de la pointe du bréchet jusqu'à l'articulation des ailes en suivant le tracé de la petite veine grasse, puis écarter et retourner le, l'aplatir du plat de la main en faisant craquer les os. Présenter le sur la plaque de cuisson à la manière d'un « crapaud ».
Zester les citrons et presser les jus. Arroser le poulet avec puis parsemer des zestes, de piment et de sel des deux côtés. Laisser mariner ainsi 2 heures, recouvert d'un film alimentaire dans le four froid.

1 h 1/2 avant de le manger, sortir le poulet du four, préchauffer votre four 1/4 d'heure sur 180 °C. Enfournez votre volaille pour 1 heure de cuisson. Arroser régulièrement la peau.

Après cuisson, maintenir le poulet 1/4 d'heure dans le four éteint, porte ouverte. Cela permet à la volaille de se reposer de la cuisson et aux arômes de se combiner.

J'aime faire « tomber » quelques feuilles de roquette à la chaleur du poulet en les parsemant sur le plat et les mélanger ensuite avec de la roquette bien fraîche. Pas besoin d'assaisonnement autre. N'hésitez pas à verser 2 ou 3 cuillères à soupe de jus de ce poulet dans l'assaisonnement d'une belle salade. S'il vous reste un peu de jus penser à le congeler, le jus de poulet est très utile…

Éplucher et rincer les pommes de terre. Les sécher puis les trancher. Sécher les frites ainsi taillées une par une et assez longuement dans du papier absorbant. Ce séchage constitue l'un des secrets de cette recette. Suzy insiste sur la qualité de « l'essuie tout » en provenance de chez ED (l'épicier discount). Il ne se délite pas.
Faire chauffer votre friteuse à 170 °C. Plonger les frites par quantités indiquées sur le panier pendant 7 minutes. Réserver et sécher à nouveau les frites tièdes avec du papier absorbant. Les laisser ensuite reposer 20 minutes. Renouveller l'opération.
Faites chauffer votre friteuse sur 170 °C et frire à nouveau 7 minutes. Réserver, sécher les frites avec du papier absorbant et et saler abondamment dans une passoire (chinois) au sel fin.

Image
citron vert, équilibre de l'acide

MARC SIBARD

Toujours prêt pour donner un grand coup de tire-bouchon aux idées reçues et aux conventions, Marc Sibard dit Marco, sommelier de son état, est le grand mamamouchi du vin. Il officie aux caves Augé et co dirige LAVINIA.

Marc Sibard aime le vin, il en boit souvent et beaucoup. Il a raison Marc. Revenons à l'essentiel, et même si cela parait un truisme, le vin est une boisson, et comme toute boisson elle est faite pour être bue.
Idéalement et normalement faite à partir de raisins issus de cépages plantés sur des sols afférents, Elle obéit à une sélection faite d'observation et de choix pluri-centenaires. Cépages nourris et mûris sur des sols dédiés et vivants, riches de leurs bio-diversités. Vins fruits du jus de raisins goûteux et forts de leurs levures et bactéries indigènes. Voilà ce que devrait être le vin et ce qu'il est quelquefois.

Inventé avec quelques camarades, je vous présente le coefficient de buvabilité ; *coefficient of drinkability* pour ceux et celle qui aiment apprendre « PARKER »
Faites l'essai vous-même : ouvrez plusieurs bouteilles différentes et voyez quelle est celle ou quelles sont celles qui sont bues bien avant les autres. Vous verrez c'est souvent édifiant.

Marc m'a appris à respecter les vins vinifiés par des vignerons libres dans leur tête, intègres et sincères dans leur travail. Il m'a aussi fait comprendre, et je reprends à loisir ses mots : « que les grands vins ne sont pas forcément ceux que l'on croit ».
Les étiquettes que je vénère aujourd'hui ne siègent pas toujours au faîte d'un classement solennel. Elles honorent des vins sades et sapides que l'on aime boire et partager en digne hommage à ceux qui les font.

LÉGUMES DE PRINTEMPS, PRESQUE TROIS FOIS RIEN

Ingrédients
1 botte de jeunes carottes jaunes
1 botte de jeunes carottes rouges
1 botte de jeunes navets
1 botte de jeunes radis « ice »
1 jeune chou fleur
3 jeunes artichauts épineux
quelques petits pois de première cueillette
quelques feuilles de livèche
quelques fleurs de ciboulette
quelques feuilles et fleurs de bourrache
tout autre légume de votre choix
1/4 de cuillère à café de moutarde forte
100 g de vieux comté râpé très fin

Matériel
1 cuit légume vapeur
1 casserole
1 chinois
1 couteau effilé et bien aiguisé
1 bol inox
1 cuillère à café
1 girafe (mixeur plongeant)

Vins
Chardonnay, Overnoy-Houillon
L'expression du cépage chardonnay dans sa pleine maturité, bel équilibre sur le tranchant de l'acide et le gras du mûr.
Tavel « l'Anglorre », Pfefferling
Rosé gourmand, extrêmement souple avec un fruité dominant et très sud

Image
jeunes carottes de printemps

Ce plat est assez incroyable, il permet de naviguer entre les saveurs salées, sucrées, amères et acides des légumes, salades, et herbes tout en restant disponible à ces voyages improbables, le jus de comté nous ramène toujours au connu.

Progression
Cuire vos légumes à la vapeur très peu, et séparément. Les rafraîchir immédiatement sous l'eau glacée.

Faire infuser très doucement le comté dans 200 g d'eau pendant 10 minutes. Laisser tiédir, ajouter la moutarde bien mélanger et passer à la girafe.

Présenter les légumes et les herbes entiers ou coupés et organisez-les en fonction des tailles et des couleurs dans des grandes assiettes. Versez un peu de « tisane » de comté dans le fond des assiettes. Servir aussitôt avec des cuillères à soupe.

Ingrédients
800 g de thon rouge en filet
500 g de shiitake
2 pincées de fleur de sel
1 cuillère à soupe d'huile d'olive
3 cuillères à soupe de soja
4 cuillères à soupe de citron vert ou de yuzu
1 tour de moulin à poivre

Matériel
2 poêles antiadhésives
1 couteau effilé et bien aiguisé
papier absorbant

Vins
Quincy, Jaumier
Sauvignon délicat, tout en simplicité, richesse et vivacité
Amphibolite nature, Jo Landron
Cépage melon précis, granitique, épuré et vif, le tout dans la simplicité

THON ROUGE JUSTE POÊLÉ ET SHIITAKE ENSUQUÉS DE SOJA

Progression
Chauffer sur feu vif deux poêles avec l'huile. Déposer dans l'une le filet de thon, dans l'autre les shiitake préalablement équeutés. Poêler les champignons 1 minute à feu vif puis réduire le feu au minimum et ajouter le soja et le citron ; laisser confire à feu doux. Poêler le thon 3 minutes sur la première face du filet puis 2 minutes sur la seconde face et enfin 1 minute sur les 2 dernières faces du filet. Sortir le filet de la poêle et bien l'éponger dans du papier absorbant.

Trancher le filet en tranches de 3 cm d'épaisseur environ. Il doit être rouge/rosé en son centre.
Dresser environ 3 tranches de thon par assiette puis ajouter les shiitake ensuqués. Donnez un tour de moulin à poivre et servir. Ce plat se mange tiède !

Pour une version moins *light* et un peu plus gourmande vous pouvez ajouter un beau filet d'une huile d'olive des Baux par exemple.

Ingrédients
4 petits rougets barbets de roche
4 tranches de baguette séchée, coupées fines et en large biais
1/2 jus de citron jaune
2 cuillères à soupe d'huile d'olive
1 tour de moulin à poivre

Matériel
1 couteau effilé et bien aiguisé
1 poêle
papier absorbant

Vins
Touraine « buisson pouilleux », Puzelat Sauvignon de très vielle vigne, mûr, exubérant tout en restant vif et incisif

PETITS ROUGETS VENDANGEUR, TOUT ROUGES ET CROUSTILLANTS

Le vendangeur est un rouget barbet, dit aussi bécasse de mer pour son goût aux arômes délicatement iodés. Pêché en septembre dans les alentours du bassin d'Arcachon, il prend son nom de sa saison. de pêche et aussi du fait qu'il y vendange les algues de leurs « fruits ».

Progression
Écailler les rougets avec les doigts.
Pour les fileter, inciser avec votre couteau le dos des poissons sur toute la longueur et de chaque côté de l'arête dorsale. Inciser en biais le long des nageoires. Coupez la queue en laissant un centimètre de chair. Faites glisser le couteau en débutant du côté queue, du plat de la main appuyez sur le poisson et faire glisser le couteau à plat sur l'arête en direction de la tête. Recommencer l'opération de l'autre côté à l'identique pour obtenir vos deux filets.
Prélever le foie qui se trouve assez près de la tête.
Avec une pince à épiler, enlever toutes les petites arêtes.
Vous pouvez aussi user de votre charme pour convaincre votre poissonnier de faire tout cela à votre place.

Faire chauffer deux poêles. Badigeonner les pains tranchés avec l'huile d'olive, les poêler lorsque celle-ci est bien chaude. Les laisser gentiment dorer des deux côtés, réserver sur du papier absorbant. Dans cette même poêle rôtir de même les foies quelques secondes et les queues des poissons, coupées.
Dans l'autre poêle chaude, poser les filets de rouget côté peau au contact, sans aucune matière grasse. Il faut à peine 2 minutes. La chair va se tendre et blanchir un peu sur les côtés, c'est suffisant, le filet est cuit. Laisser les filets reposer quelques minutes encore dans la poêle, le temps de dresser.

Poser les foies sur les toasts puis les filets — un côté peau et l'autre côté chair. Planter les queues debout, nageoire au vent. Servir avec quelques feuilles de roquettes ou de jeunes pousses d'épinards.

La peau du rouget contient une graisse – située exactement entre la peau et la chair — elle va fondre et « nourrir » les chairs et aussi s'écouler dans la poêle. Le poisson va juste griller comme il le faut, prendre une couleur rouge orangé et développer un arôme iodé d'une très grande élégance.

Ingrédients
4 grosses coquilles St Jacques de la baie d'Erquy (Bretagne) entières
quelques gouttes d'huile d'olive Gratte semelle
sel maldon

Matériel
1 couteau effilé et bien aiguisé
papier absorbant

Vins
Hermitage blanc, Chave
Pureté et finesse

CARPACCIO BLANC DE ST JACQUES

Raquel Carena du restaurant le Baratin *à Paris, m'a servi une version extraordinaire de cette recette : elle avait ajouté quelques langues d'oursins assaisonnés d'huile de truffe.*

Progression
Réserver les coquilles au frais quelques heures (dans le bac à légumes).
Pour préparer les coquilles et juste avant de servir.
Poser la Saint Jacques sur un linge en tenant la charnière opposée à soi. Glissez votre couteau bien effilé et fort sur l'un des côtés à l'arrière du coquillage (il y a toujours un petit espace entre les deux coquilles) et le faire légèrement pivoter vers vous tout en restant collé à la partie supérieure de la coquille. Ceci permet d'attaquer la découpe du « pied » de la St Jacques. Celle-ci va s'ouvrir légèrement et permettre ainsi à votre couteau de sectionner très précisément le muscle de son attache à la valve supérieure du coquillage, le muscle adducteur.

Dégager avec un doigt tout ce qui se trouve autour du muscle, valve inférieure de la coquille y compris la gonade orange/rouge communément baptisé corail. Essuyer ou rincer le muscle très légèrement en fonction de la qualité de celui-ci et du sable qu'il peut contenir.

Couper les pieds en rondelles assez fines, de l'ordre de 1 à 2 millimètres. Les étaler au fur et à mesure sur les assiettes de service de manière à faire une petite rosace.

Versez quelques gouttes de cette huile d'olive très pure et sans acidité qui « poivre » légèrement. Sinon utilisez une huile de pépin de raisin qui saura préserver le goût des Erquy. Poser délicatement quelques paillettes de sel, servez illico.

Ingrédients
500 g de foies de volailles
200 g d'oignons doux
2 cuillères à soupe de graisse d'oie
2 œufs de poules durs
1/2 radis noir

Matériel
1 grande poêle
1 bol inox
1 hachoir
1 rasoir à légumes

Vins
Vouvray « tartemains », Lemaire-Fournier
Vivacité, élégance, précision aromatique, légèrement tendre, bien équilibrée par la vivacité du terroir

FOIE HACHÉKÉNASE CAROLINE

Hommage et jeux de mots pour ma douce femme Caroline qui ne tient de sa mère qu'une seule mais délicieuse recette, celles des foies hachés.

Progression
Éplucher les oignons et hacher les. Faites revenir les foies de volailles dans une poêle avec la graisse d'oie jusqu'à ce qu'ils soient bien colorés. Retirez les délicatement et faites revenir les oignons dans cette même poêle et ce même jus.
Passez les foies de volaille au hachoir à viande. Hachez aussi les œufs durs. Éplucher la moitié du radis noir et hacher le avec.
Dans un bol inox, assemblez les foies avec le radis, les œufs durs et l'oignon. Salez et poivrez, bien mélanger le tout.

Ces foies de volailles hachés au radis se servent accompagnés de pain au cumin et de cornichons au sel.

Image
le bel oignon

PIERRE OVERNOY ET EMMANUEL HOUILLON

Pierre Overnoy est un jeune et vigoureux vigneron presque septuagénaire, né le jour de la Sainte Catherine, jour ou tout reprend racine, comme il aime à le dire. Il incarne pour moi le parangon vigneron, celui que l'on pourrait modéliser et envoyer un jour dans l'espace pour montrer ce qu'était le mètre étalon du vigneron. Aujourd'hui son savoir appartient aussi à son fils spirituel Emmanuel Houillon. Ils cultivent et vinifient ensemble.

Leurs vignes croissent sur le sol de l'Arbois dans l'appellation Arbois Pupillin. Des vignes aux rangs bien nets qui strient à flanc de coteau la terre arable un peu jaune des monts de l'Arbois, entre pâturages et forêts. Pierre Overnoy est un homme fin, subtil et droit à l'image de ses vins. Lorsqu'un jour j'ai eu le désir d'être vigneron c'est sans doute inconsciemment à cause de cet homme et de ses boissons que j'aime tant.

C'était il y a peut-être une quinzaine d'années et par pur hasard, j'ai bu mon premier Overnoy, un poulsard. Vin rouge issu de cépage ploussard ou poulsard. Je me souviens de mon incrédulité devant la couleur et la transparence de la robe, d'un rouge fragile, évanescent. Le nez, hostile pour celui venu conquérir le vin, sans lui donner le temps de s'exprimer, de se livrer. La bouche puissante, aromatique, fine, légère dans l'épure la plus complète.
Plus tard j'ai découvert son vin jaune et ses ouillés. On est pris de vertige devant tant de précision et de subtilité.
Comment peut-on à ce point rapprocher, réconcilier, l'œil, la bouche et notre cerveau ? Pierre et Emmanuel le font comme le virtuose qui possède la musique parfaite, idéale et sublime dans sa tête, essaye de contraindre et apprivoiser son corps, son instrument, ses doigts au service de tout cela pour livrer le sublime.

Pierre, lui sait cela. Son vin raconte beaucoup de la terre où il a cru, du travail manuel dans les vignes. Du labour qui oblige les racines de la vigne à perforer leur sol et à se « nourrir » de sa minéralité. De la magnificence aromatique liée à la qualité des levures indigènes : levures existant en qualité et quantité grâce à des vignes non engraissées, non désherbées, non traitées chimiquement ou encore arrosées. Des fruits de qualité et récoltés à maturité parfaite pour une vinification exemplaire témoignant d'une absence notable de soufre.

« Allez concentrons-nous, qualité du nez, qualité de la bouche » c'est par ces mots que Pierre Overnoy nous invite à la dégustation.

L'art de goûter le vin et son langage se rapporte beaucoup à la poésie. Comment transposer son monde intérieur, construit d'images, de métaphores, de fulgurances, en sons, en rythmes, en mots ?
Le langage du goût… Langage de l'indicible et langage de groupes qui ont su refondre un alphabet et une grammaire. Comment, sinon transmettre le parfum d'un iris (violette ambrée), d'un lichen, de réséda ou de rose discrète.

Le goût s'éclaire de nos pas de funambules, Pierre et Emmanuel tissent les fils qui conduisent à l'harmonie de nos cœurs, palais et âmes.

Ingrédients
3 belles noix de ris de veau
100 g de beurre cru demi-sel
sel fin
1 tour de moulin à poivre
1 kg de petits pois de première cueillette en gousse

Matériel
1 couteau effilé et bien aiguisé
1 poêle de taille moyenne
papier absorbant

Vins
Saumur blanc, brézé, Clos rougeard, Foucault frères
Rasteau, Gourt de Mautens

GORGE DE RIS DE VEAU TRANCHÉE GOUSSES DE PETITS POIS DE PREMIÈRE CUEILLETTE

Progression
Épluchez les ris, à cru, en enlevant précautionneusement la ou les aponévroses (fine membrane) qui les recouvrent.
Cela se fait avec les doigts et accessoirement avec votre couteau. L'idéal c'est de suivre les circonvolutions naturelles des ris tout en conservant la gorge de ris entière.
Veiller surtout à bien enlever le peu de gras et de sang qui peut subsister.

Faire fondre le beurre dans la poêle et le clarifier.

Cuire les ris sur un rythme de feu assez doux. Ils doivent « chanter », grésiller doucement et régulièrement. La poêle doit être autour de 110 °C et les ris 90 °C. Les retourner toutes les 3 à 4 minutes. Salez au sel fin très délicatement vers la fin de la cuisson environ 20 minutes au total. Ils doivent être parfaitement dorés et croustillants !
Les laisser reposer sur du papier absorbant pendant quelques minutes. Les arômes très subtils vont alors se développer.

En même temps, faire chauffer une grande casserole d'eau, saler à ébullition. Plonger les gousses de petit pois pendant 2 minutes. Égoutter les gousses et les frapper dans un saladier rempli d'eau et de glace pour les refroidir instantanément.

Faire fondre un peu de beurre cru et salé et reprendre les gousses de petit pois.
Servir les ris entiers et tranchés comme pour un onglet, poivrez au Sarawak.

Ingrédients
2 homards demoiselle de 900 g environ
1/2 jus de citron jaune
250 g de beurre cru demi-sel
légumes de juin tels que jeunes carottes, petits pois gourmands…
3 ou 4 feuilles de livèche
1 tour de moulin à poivre
un peu de gros sel gris

Matériel
1 grand couteau effilé et bien aiguisé
1 BBQ ou un four avec grill
1 grande poêle
1 petite casserole
1 grande casserole
1 cuit vapeur
1 planche à viande avec cannelures
1 bol inox
1 girafe
1 diapason
1 rasoir à légumes
papier absorbant

Vins
Auxey-duresses, les crais, domaine Chassorney
Saumur blanc, Gory, Château Yvonne

Image
pince de homard demoiselle

HOMARD DEMOISELLE TEL QU'EN ELLE-MÊME, LÉGUMES DE JUIN

Comment reconnaître à coup sûr un homard demoiselle d'un homard mâle jeune et viril? Tout simplement en regardant les écailles de la queue des bébêtes : celles des filles sont beaucoup plus écartées – s'ouvrent vers l'extérieur (pour accueillir les œufs) ; celles des garçons se referment vers l'intérieur (le ventre est plat).

Progression
Dans le foyer de votre BBQ, au moins une heure avant de cuire vos homards, préparez de belles braises de sarment et menus bois non résineux. N'utilisez pas de charbon de bois, il désole les arômes.
Il faudra débuter la cuisson alors que les braises rougeoyantes seront descendantes.
Alors, couper longitudinalement vos homards vivants. L'idéal est de les couper sur une planche à viande avec des cannelures « pour récupérer les jus » ceci afin de préserver le liquide transparent (sang) qui va s'écouler de vos homards.
Ce sang va coaguler assez rapidement : c'est normal.

Poser vos demi-homards côtés carapace face au feu, poser quelques petits morceaux de beurre sur les chairs. Laisser cuire ainsi pendant au moins 30 minutes.
Bien vérifier la cuisson, elle doit se faire très doucement sur des braises très douces. La chair doit « coaguler » lentement. La belle demoiselle s'habille alors de rouge, nous sommes en fin de cuisson. Couvrir votre BBQ avec son couvercle si besoin est pour terminer en douceur cette cuisson.

Dans une petite casserole, faire chauffer le sang avec le demi-jus de citron et 50 g de beurre à feu très doux. L'ensemble va cuire et coaguler. Faire réduire très doucement. Surtout ne pas saler car le sang du homard est très salé.

Cuire vos carottes au cuit vapeur quelques minutes pour qu'elles soient « al dente », cuire vos pois gourmands dans une grosse casserole d'eau salée, les frapper dans l'eau glacée immédiatement après cuisson.

Avant de servir faire fondre 50 g de beurre dans votre grande poêle, lorsque celui-ci est mousseux, ajouter les feuilles de livèche et les légumes. Les chauffer 2 ou 3 minutes à feu très doux. Le beurre doit rester sur ses arômes de beurre cru.
Chauffer à peine la réduction de sang, citron et beurre et la « monter » hors du feu avec ce qu'il vous reste de beurre cru avec la girafe (mixer plongeur). Vous devez obtenir une crème épaisse et mousseuse. (Suite de la recette p. III.)

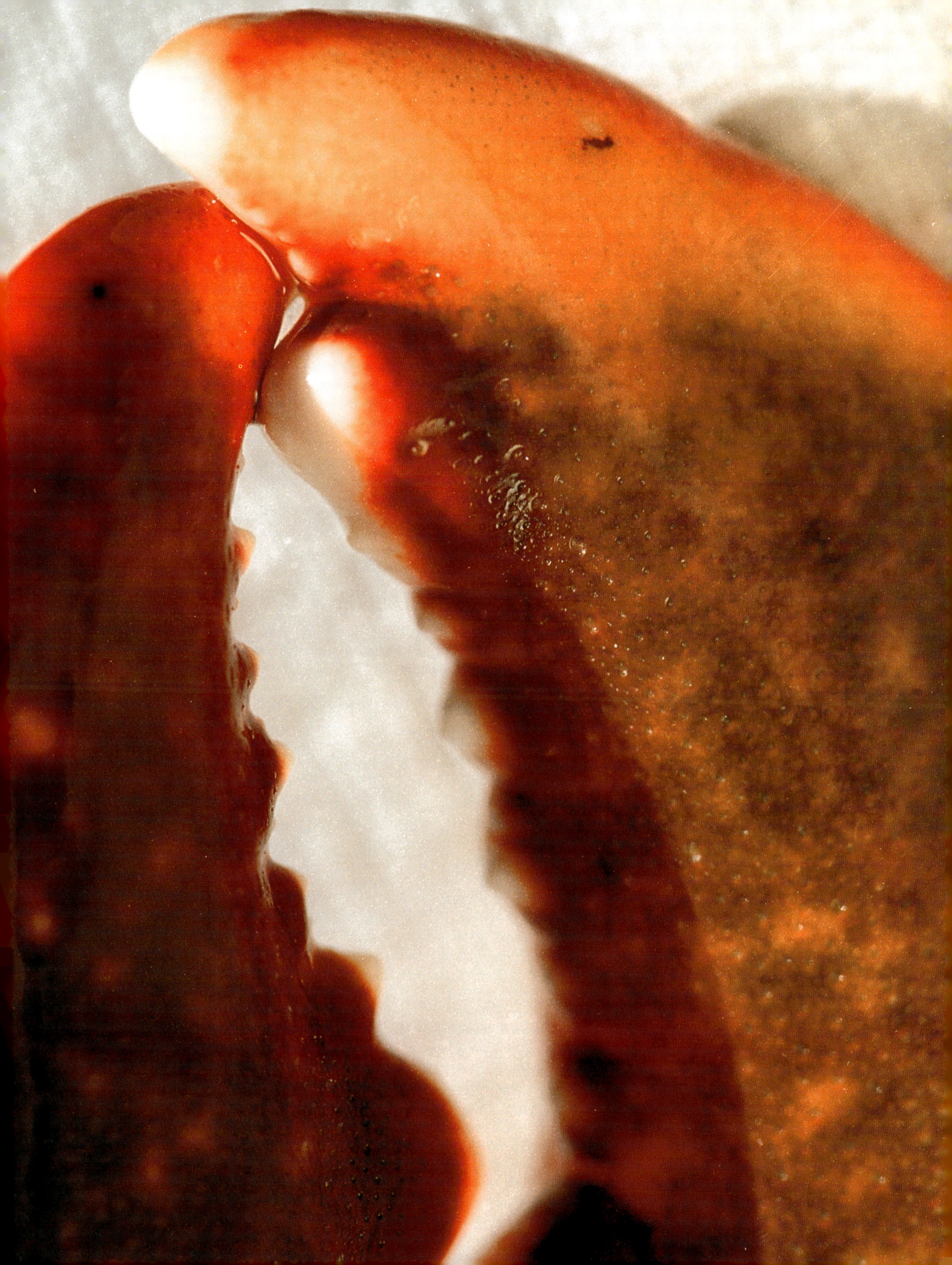

(Suite de la recette *Homard demoiselle*.)
Servir un peu de pince, de corps et de tête du homard dans chaque assiette et napper de la sauce. Ajouter sur l'assiette quelques légumes tièdes, leur goût n'en sera que meilleur.

Le homard de l'Atlantique est délicieux au mois de juin et relativement bon marché, cette recette est pleine de fraîcheur et de délicatesse. On peut aussi cuire les homards au grill du four, il faut juste le faire four ouvert et surveiller très attentivement la cuisson : lorsque la chair passe du translucide au blanc : c'est cuit. Il arrive souvent que les pinces soient plus longues à cuire que les corps — pas de panique — faites ce plat en deux services, le corps d'abord, les pinces ensuite.

Il existe aussi une variante de ce plat, qui prend le parti de bloquer tous le sang et les sucs dans la chair. Pochez le homard pendant 2 minutes dans de l'eau bouillante salée avant de le couper en deux et de le griller.

Pour la sauce, un beau beurre blanc à peine citronné peu suffire.

RIS DE VEAU À MANGER AVEC LES DOIGTS

Ingrédients
2 belles noix de ris de veau
50 g de beurre cru demi-sel
fleur de sel
1 tour de moulin à poivre

Matériel
1 couteau effilé et bien aiguisé
1 poêle de taille moyenne
papier absorbant

Vins
Gevrey Chambertin, les Perrières, Philippe Pacalet

La cuisine se dit et se fait avec les mains.
Quel bonheur que celui de retrouver nos ris de veau, la qualité de ce produit est son exceptionnel atout, le vôtre ? Savoir l'écouter gazouiller dans la poêle, ni trop vite, ni trop ténu. La fin ? Écoutez-le bien il vous appelle et vous chuchote : « mange-moi vite… avec les doigts »

Progression
Épluchez à cru les ris en enlevant grossièrement la ou les aponévroses qui les recouvrent.
Cela se fait avec les doigts et accessoirement avec votre couteau. L'idéal c'est de suivre les circonvolutions naturelles des ris et d'obtenir ainsi plusieurs morceaux de taille d'environ 4 à 5 cm de long.
Faire fondre le beurre dans la poêle et le clarifier.
Cuire les ris sur un rythme de feu assez doux. Ils doivent « chanter », grésiller doucement et régulièrement. Les retourner toutes les 2 à 3 minutes. Salez très délicatement vers la fin de la cuisson. Ils doivent être parfaitement dorés et croustillants.
Les laisser reposer sur du papier absorbant pendant quelques minutes. Les arômes très subtils vont alors se développer. Les servir dans des bols tapissés de papier absorbant.
Donnez un tour de moulin à poivre. Manger avec les doigts, c'est impératif.

Ingrédients
400 g de topinambour
1 litre de lait cru
1 jaune d'œufs
400 g de foie de canard cru (soit l'équivalent d'un demi-foie)
30 g de beurre
50 g de lait
sel et poivre

Matériel
1 couteau effilé et bien aiguisé
1 casserole
1 poêle antiadhésive
papier absorbant

Vins
Bourgogne blanc « Bigote », domaine de Chassornay
Anjou Marie Besnard, Mosse

PURÉE DE TOPINAMBOUR ET FOIE GRAS DE CANARD JUSTE POÊLÉ

Progression
Purée : cuire les topinambours dans le lait cru, les égoutter et les peler. Les passer au presse-purée, incorporer le beurre et le lait, assaisonner.

Laisser le foie de canard au frais jusqu'à le griller. Il est très important de bénéficier d'un foie d'une grande fraîcheur. Son éviscération ne doit pas remonter à plus de 2 jours. Séparer les deux lobes du foie avec vos mains et couper l'un des lobes (le plus gros par exemple) en tranches de 3 cm d'épaisseur.
Faire chauffer la poêle à blanc. Lorsqu'elle est très chaude, poêler rapidement sur les deux faces les tranches, 2 à 3 minutes au total.

Déposer l'équivalent de 3 à 4 cuillères à soupe de purée dans des bols et poser délicatement dessus les tranches de foie découpées en morceaux. D'un geste souple avec une petite cuillère faire couler un trait de jaune d'œuf.
Assaisonner le foie d'un peu de sel et de poivre.

Ingrédients
300 g de pomme de terre Vitelotte
2 noix
4 œufs de caille
100 g de caviar osciètre
30 g de beurre
50 g de lait
sel et poivre

Matériel
1 couteau effilé et bien aiguisé
1 casserole
1 presse-purée
2 bols inox
papier absorbant
4 verres triangulaires

Vins
Bourgogne aligoté, Couvreur
Fruité rustique de l'aligoté associé à une grande minéralité, vivacité et une véritable maturité

PURÉE DE VITELOTTE, CAVIAR OSCIÈTRE, NOIX, ŒUF DE CAILLE

Pour manger cette entrée il faut bien plonger sa cuillère au fond du verre et obtenir ainsi, juste pour soi, le mélange complet des ingrédients. Alors ? Les laisser déferler à pleine bouche.

Progression
Purée : cuire à la peau les 300 g de Vitelotte dans l'eau salée, les égoutter et les dérober. Les passer au presse-purée, incorporer le beurre et le lait, assaisonner.

Noix : ouvrir et sortir les cerneaux, les briser en morceaux.

Déposer délicatement les brisures de noix au fond des verres triangulaires et ajouter dessus l'équivalent de 3 cuillères à soupe de purée tiède/chaude. Faire glisser le contenu d'une cuillère à soupe de caviar, à l'aide de la même cuillère pratiquer un petit creux/nid et y déposer en équilibre précaire le jaune d'un œuf de caille bien frais et froid. Servir aussitôt.

Ingrédients
400 g de morue salée et séchée
4 œufs de poule
quelques feuilles de Ficoïde glacial, de roquette
quelques fleurs de capucine, de claytone de Cuba
1 belle gousse d'ail
Vinaigre de Xérès
50 g de beurre
fleur de sel
1 tour de moulin à poivre muntoc

Matériel
1 couteau effilé et bien aiguisé
1 bol inox
1 mandoline ou râpe japonaise
papier absorbant
film étirable

Vins
Coteaux du Languedoc Aurel, Domaine Les Aurelles
Crozes Hermitage Karrières, Dard et Ribo

SALADE DE MORUE, ŒUF MOLLET, QUELQUES HERBES, BEURRE NOISETTE

Progression
Faire dessaler votre morue 5 jours avant la préparation et dégustation de cette entrée.
Les trois premiers jours, laisser votre morue dans un récipient rempli d'eau froide et filmé. Le quatrième jour, rincer le plat et changer l'eau. Le cinquième jour, rincer le plat à nouveau et renouvelez une dernière fois l'eau. Sortir la morue et la rincer légèrement à l'eau courante, la presser délicatement entre vos mains pour l'essorer. Sécher doucement au papier absorbant.

Œufs mollets
Faire bouillir une casserole d'eau, à ébullition y plonger les œufs (à température) pendant 6 minutes exactement. Refroidir immédiatement les œufs et les écaler.

Cuire les filets de morue individuellement sous film cellofrais pendant 6 minutes dans une casserole d'huile d'olive à 65 °C.
Retirer délicatement le poisson du film cellofrais.

Faire chauffer le beurre dans une casserole et le cuire noisette

Dans un bol de service préparer comme suit:
Poser toutes les herbes et feuilles mélangées au fond puis dessus la morue tiède, vinaigrer et pimenter légèrement et poser l'œuf mollet sur la morue, l'ouvrir d'un trait de couteau tranchant pour que le jaune s'en écoule « mollement ».
Verser le beurre noisette bien chaud, rectifiez d'un peu de sel et de poivre et servir.

Image
encore une tête d'ail

JEAN-FRANÇOIS LAMUNIÈRE

Cet éditeur franco-suisse, patron des éditions Payot et Rivages, édite ses livres comme ses vins, il en fait peu et de qualité : James Ellroy, Freud, Hannah Arendt, David Lodge. Jean-François porte sur lui-même et sur le monde un regard amusé et du monde il sait s'amuser.

« Les vignes de Château Yvonne se situent sur un splendide terroir recouvrant les communes de Parnay, Turquant, Dampierre et Montsoreau. Le vin que nous vinifions, nous le faisons d'abord pour nous, comme on aime le boire. Nous y mettons le meilleur de nous-même. Nous essayons, comme pour la cuisine de disposer de produits magnifiques par le biais d'une culture très exigeante et totalement biologique. De la grande qualité de nos raisins et des micro-organismes qui les habitent, nous obtenons le Château Yvonne. Un simple Saumur blanc et en même temps un beau vin sincère et franc que nous aimons boire et faire partager. »

On a raconté que Balzac, qui était tourangeau, ayant invité un ami au cabaret commanda un prestigieux vin de Parnay. Son convive allait le porter à ses lèvres ; le romancier l'arrêta d'un geste impérieux : — Ce vin-là, mes amis on le caresse du regard — Et après ? — Après on le respire – Et après ? — On le remet sur la table sans y toucher, dévotieusement — Et après ? — Après on en parle. » Le vin de Parnay ne fait pas la queue de paon que dans le gosier, il fait aussi « la queue de paon » dans la mémoire.

Nous emboîtons les pas, suivons les traces et habitons le terroir d'un grand homme : Antoine Cristal, vigneron de son état au début du xxe siècle : Seigneur de Parnay.
Son château, bien moins modeste que le nôtre, avait les proportions d'une basilique, il était si près de la nature qu'il en a fait tous les frais. Taillés dans le roc et en partie à ciel ouvert, ses antres les plus retirées et les plus obscures cachaient des caves ou des celliers. Un vin rare y reposait à l'abri des tourments.
Selon *Monseigneur le vin*, livre quatrième, édité en 1927 par la maison Nicolas au profit de ses actionnaires, nous apprenons que « pas une goutte n'entre là (*nda* : caves) qui ne soit digne de la sollicitude de cet octogénaire (Antoine Cristal), droit et chenu, orgueilleux de son cru, et qui n'exagère peut-être pas quand il soutient que chaque tonneau lui est revenu à plus de quatre mille francs.
Il a sur les événements de ce monde des opinions tranchantes : elles gouvernent ses transactions. Comme un souverain lui faisait offrir un prix énorme de ses barriques, il répondit à l'envoyé avec une brusque hauteur : « Lui vendre mon vin. S'est-il enquis si cela me convenait ? »

« Nous mettons plus de liant et sommes beaucoup plus accommodants que Monsieur Cristal. Mais comme il le faisait, nos vins naissent et s'élèvent dans de très belles barriques de chêne et nos bouteilles une fois tirées sommeillent un à deux ans dans nos profondes et noires caves troglodytes avant que d'aller régaler nos clients. »

Comme on aime à le dire en Anjou, les caves sont des retraites mystérieuses où dorment toujours quelques fines bouteilles dont ne trouble le sommeil que l'amitié, la courtoisie ou l'orgueil.

Ingrédients
360 g de riz aquarello
1 truffe en boîte
1 belle truffe fraîche (*tuber melanosporum*) de 100 g
1 oignon doux
1 cuillère à soupe d'huile d'olive
2 canons de moelle de veaux bien blanchis
20 g de vin blanc sec
1 l 1/2 de bouillon de poule
100 g de beurre
60 g de parmesan reggiano
fleur de sel

Bouillon
1 poule ou un poulet
20 g de gros sel
3 g de poivre Sarawak en grains
2 carottes
1 oignon
1 branche de céleri
1 feuille de laurier
thym et persil
3 litres d'eau

Matériel
1 couteau effilé et bien aiguisé
1 râpe à truffe
1 casserole de type sauteuse à fond épais
1 planche à découper
film alimentaire

Vins
Palette blanc, Château Simone
Riche et en même temps discret avec une grande pureté aromatique, frais

RISOTTO AQUARELLO MÉLANO

Deux mots qu'il faut connaître pour « maîtriser » ses risotti.
Mantecare*: mélanger énergiquement le riz avec le beurre en fin de cuisson avec une cuillère en bois (éventuellement troué en son centre) dans le geste en huit des gondoliers ou dite de la godille.*
All'onda*: les risotti doivent se servir* al onda *cet à dire fluide comme une onde, une vague. Ah j'oubliais, un risotto c'est vingt minutes chrono.*

Progression
Faire revenir à feux doux dans une casserole à fond épais l'oignon haché en très petits cubes, avec l'huile d'olive et la moelle.
Lorsque l'oignon transperce le laisser prendre encore quelques minutes. Attention il ne doit pas dorer. L'oignon doit se revêtir d'une subtile couleur jaune pale translucide.
Verser le riz et le nacrer: le riz se mélange intimement avec le gras et l'oignon à très petit feu, pour que chaque grain de riz devienne translucide. Mouiller avec le vin et bien réduire. Laisser ensuite cette préparation reposer dix minutes hors du feu. (ce temps ne compte pas dans les vingt minutes chrono de la cuisson).

Réduire en purée la truffe en boîte et son jus. Peler la truffe fraîche avec la râpe. Verser le tout dans le riz et reprendre la cuisson sur le feu. Verser le bouillon, laisser à feu couvert 12 minutes.
Éteindre le feu. Coupez le beurre froid, le parmesan et les pelures de truffes dans la casserole, sans mélanger. Laisser reposer à couvert environ 2 minutes. Procéder alors à la liaison avec le beurre et le parmesan.

Servir un dôme dans chaque assiette creuse et le recouvrir en totalité de fines tranche de truffes. Rectifier d'un peu de fleur de sel sur les truffes (à peine deux ou trois grains) et d'un peu d'huile d'olive.

Pour bien mangez le risotto, suivez le conseil avisé du maître des risotti et gnocchis: Tony Vianello. Avec votre cuillère (oui, un grand risotto c'est tellement plus voluptueux à la cuillère) prendre un peu du riz autour du dôme et faites tourner votre assiette; ainsi, vous le mangerez toujours à la bonne température: chaud sans vous brûler.

Pour le bouillon: je prends grand soin de mes bouillons de viande, de pot au feu, blanquette, poule au pot. Je les garde dans mon congélateur et les utilise ensuite pour mes risotti.
Pour faire un bouillon de volaille, placez tous les ingrédients dans un grand faitout et faire frémir pendant 1 heure et 1/2. Passer le bouillon au tamis et réserver au frais afin de le dégraisser plus facilement.

J'aime aussi les risottos plus rustiques, plus (serrés), moins *al onda* (liquides), servis avec de belles saucisses italiennes faites de pieds de porcs et de quelques légumes oubliés.

Image
rabasse,
tuber melanosporum

Ingrédients
12 carrés de chocolat noir de ménage
huile d'olive
1 baguette
fleur de sel

Matériel
1 couteau
1 four

Vins
Montilla Moriles
PX Toro Albala
Confiture de figue et de soleil liquide
Banyuls nature, Duchène
Souple, fin, élégant, velours, tout en douceur sur un fruité oriental

PAIN ET CHOCOLAT

Dessert catalan des pauvres, cette association est un éloge au sublime de la cuisine simple.

Progression
Couper le pain en tranches fines.

Toaster très légèrement le pain au grill du four.

Placer un carré de chocolat par tranche de pain – bien au milieu.

Enfourner à nouveau pour que le chocolat fonde.

Sortir du four, assaisonner de quelques grains sel et d'huile d'olive.

Image
laguiole *Jour* en corian, de 'Yan Pennor's

Ingrédients
4 grosses coquilles St Jacques de la baie d'Erquy (Bretagne) entières
60 g de beurre demi-sel d'Yves Bordier
1 kg de gros sel blanc

Matériel
1 couteau effilé et bien aiguisé
papier absorbant,
1 four

Vins
Saumur, Château Yvonne, Gory
Chenin mûr, arômes d'abricots secs, amendé, bel équilibre de fraîcheur

ST JACQUES ERQUY JUSTE CHAUDE AU BEURRE DEMI-SEL

La qualité de ce plat réside dans deux produits qui doivent être exceptionnels : les coquilles et le beurre. Pour les coquilles, les choisir bien lourdes, bien vérifier que la partie supérieure de la coquille recouvre la partie inférieure et qu'elle la referme hermétiquement. C'est le signe d'une coquille bien fraîche et qui ne contient presque pas de sable.

Progression
Faire chauffer votre four porte fermé avec une plaque à 250 C°.
Pour préparer les coquilles.

Poser la Saint Jacques sur un linge en tenant la charnière opposée à soi. Glissez votre couteau bien effilé et fort sur l'un des côtés à l'arrière du coquillage (il y a toujours un petit espace entre les deux coquilles) et le faire légèrement pivoter vers vous tout en restant collé à la partie supérieure de la coquille. Ceci permet d'attaquer la découpe du « pied » de la St Jacques. Celle-ci va s'ouvrir légèrement et permettre ainsi à votre couteau de sectionner très précisément le muscle de son attache à la valve supérieure du coquillage, le muscle adducteur.

Dégager avec un doigt tout ce qui se trouve autour du muscle, valve inférieure de la coquille y compris la gonade orange/rouge communément baptisé corail. Essuyer ou rincer le muscle très légèrement en fonction de la qualité de celui-ci et du sable qu'il peut contenir.

Laver et gratter la valve supérieure de la coquille. Placer une belle noix de beurre dans chaque coquille inférieure contenant le « pied » muscle de la St Jacques et y poser la partie supérieure pour refermer la coquille St Jacques.

Enfourner à four ouvert pour quelques minutes : 3 pas plus. Laissez encore reposer 3 minutes de plus. Servez dans des assiettes remplies de gros sel blanc pour caler vos coquilles.

Moi j'aime ce plat très simple, très peu cuit. Les coquilles doivent être justes tièdes, à peines raidies, le beurre fondu et bien mousseux. En fait on cherche juste à faire fondre le beurre et tiédir à peine le muscle pour conserver les qualités intrinsèques de ces deux produits. On peut bien sûr faire de belles mouillettes de baguette bien fraîche dans ce beurre et ces coquilles.

Ingrédients
4 grosses coquilles St Jacques normandes ou bretonnes
le jus d'une demi-orange
1 petite truffe de 25 g
2 cuillères à soupe d'huile d'olive
fleur de sel de Guérande
poivre

Matériel
1 couteau effilé et bien aiguisé
1 planche à découper
2 bols inox
1 râpe japonaise
papier absorbant,

Vins
Domaine de Chevalier, Pessac léognan
Château Haut Brion blanc, Pessac léognan

ST JACQUES, TRUFFES, AGRUME, COMME UN TARTARE

Progression
Vous pouvez faire ouvrir vos coquilles chez votre poissonnier. Pour cette recette je n'utilise que le pied (muscle) de la coquille.

Couper les pieds en dés, de l'ordre de 5 millimètres de côté. Les réserver dans le bol inox au frais.

À l'aide de la râpe japonaise « peler » la truffe dans un bol inox et couvrir cette peau de truffe avec votre huile d'olive.

Assaisonnez votre tartare de St Jacques juste avant de servir, avec le demi-jus d'orange, l'huile d'olive à la truffe, le sel et le poivre.

Répartir le tartare dans les petits bols de service bien frais, râper le reste de truffe en petites baguettes y poser quelques gouttes d'huile et quelques grains de sel et servir.

POISSON MODESTE, AGRUMES, JALAPENA EN CEVICHE

Ingrédients
400 g de lieu jaune en filet (choisir le filet dans des gros lieux)
1/2 piment jalapena
1 oignon rouge de Roscoff
le jus d'un citron de Menton
le jus d'un citron vert ou de Yuzu et son zeste
le jus d'une orange sanguine
2 cuillères à soupe d'huile d'olive
1 cuillère à café de pulpe de gingembre
quelques feuilles de coriandre
fleur de sel

Matériel
1 couteau effilé et bien aiguisé
1 mandoline japonaise (rouge)
1 bol inox
1 zesteur
1 planche à découper
papier absorbant

Vins
Anjou les Fouchardes, Angéli
Saint Joseph Pitrou, Dard et Ribo

Progression
Passer l'oignon à la mandoline et le rafraîchir dans de l'eau froide pendant 10 minutes. Ensuite l'égoutter et le sécher.

Débiter les filets de lieu en tranches de 5 millimètres d'épaisseur et de 20 millimètres de long. Réserver au congélateur 4 ou 5 minutes, pas plus, il s'agit juste de les fraîchir.

Râper les zestes du citron vert et le gingembre. Pressez les jus des deux citrons et de l'orange dans le bol inox. Passez le 1/2 jalapena à la mandoline japonaise et verser le tout dans les jus de citron et les zestes.

Dresser environ 100 g de lieu par petit bol en verre puis ajouter du jus et l'oignon. Assaisonner d'une cuillère à café d'huile d'olive et d'un peu de fleur de sel, parsemez de feuilles de coriandre.

Cette entrée doit être servie très froide pour que les saveurs du piment la réchauffent et vous réchauffe ! Le jalapena est un piment très caractéristique : il pimente vraiment mais ne brûle pas.

Image
piment,
capsicum frutescens

PIERRE ET CHRISTOPHE CORTHAY

Pierre et Christophe sont des êtres fins et précieux comme les souliers qu'ils fabriquent de leurs mains. Pierre et son frère Christophe sont bottiers.

Pour moi, les voyages, les séjours dans les grandes villes comme New York, Tokyo ou Londres, associés aux décalages horaires, stimulent ma pensée. Lors d'un séjour à Tokyo, ville ou l'on passe son temps à se déchausser, je me suis rendu compte que l'intérieur des chaussures d'hommes, quelle que soit la matière qui la compose était toujours de coloris brun sombre ou noir devenant à l'usage plus ou moins patiné et toujours pathétique. J'ai donc eu l'intuition que l'on pouvait remédier à cet état des choses et qu'a l'identique des costumes anglais très chics et très classiques à l'extérieur mais aux doublures de soies totalement extravagantes à « l'intérieur » on pouvait imaginer des doublures de chaussures de cuir aux coloris, vert, rouge, bleu, violet.
De retour à Paris, on me présentait Pierre. Je m'ouvrais à lui de ce problème et souriant il me dit qu'il avait déjà pensé à ça. Il venait de fabriquer une paire avec un intérieur violet. Cela me décida à lui confier la fabrication d'une première paire de souliers « sur mesure ». Nous décidâmes de la couleur intérieure avant même de savoir qu'elle serait la couleur du cuir extérieur. Que croyez-vous qu'il advint après les 6 mois nécessaires à la confection de cette première paire ? Ils avaient oublié de faire l'intérieur dans le coloris choisi. Mon intérieur de chaussure était finalement du plus banal des marrons.

À ce jour Pierre m'a fabriqué un grand nombre de chaussures et les cuirs intérieurs qui sont tout aussi colorés que j'avais pu en rêver à Tokyo. Je crois d'ailleurs que beaucoup de ses clients ont adopté l'idée.
Nous avons aussi beaucoup travaillé sur les patines des cuirs, extérieurs cette fois, de nos chaussures. C'est d'ailleurs l'une de ces patines qui m'a donné l'idée de l'une de mes recettes : un « cuir » de veau rôti et patiné comme un soulier rare.

Pierre et son frère sont des compagnons. Jeunes et modernes ils incarnent, à mon sens, le meilleur de la grande tradition française de l'artisanat du luxe. Profiter de l'expérience et de savoir faire centenaires sans jamais tomber dans le piège ou le convenu, du « c'était mieux avant » ou pire « penser » réactionnaire. Simplement assumer ces acquis du passé, y contribuer soi-même par les apports de sa propre modernité et préparer ainsi la continuité, le passage. Donner par son travail le souffle nécessaire à ceux qui viendront après.

Ingrédients
800 g de saumon de l'Adour, soit environ 2 filets avec la peau
4 pommes de terre ratte
1 cuillère à soupe d'huile d'olive vierge
quelques grains de fleur de sel
1 tour de moulin à poivre
1 branche d'Hélicrysum

Matériel
1 couteau effilé et bien aiguisé
1 poêle antiadhésive
papier absorbant

Vins
Puligny-montrachet Reuchaux, domaine Chassorney
Exceptionnel de fruit de maturité et d'équilibre
Meursault Charmes, comtes Lafon

SAUMON DE L'ADOUR JUSTE CRU, RATTES FUMÉES À L'HÉLICRYSUM

J'aime cuire les pommes de terre avec leur peau à la vapeur dans un rice cooker. J'y mets l'équivalent de 2 cuillères à soupe d'eau et une branche d'hélicrysum, communément baptisée herbe à curry. Cette plante « fume » légèrement la pomme de terre, son goût de curry aiguise le goût de la rate encore tiède.

Progression

Sécher les filets de saumon avec le papier absorbant, bien enlever les quelques écailles qui peuvent subsister sur la peau. Couper chaque filet de saumon en deux morceaux.

Faire cuire les pommes de terre avec la peau à la vapeur avec très peu d'eau et de l'Hélicrysum. Peler les pommes de terre et les laisser entières.

Faire chauffer la poêle avec l'huile d'olive. Cuire le saumon environ une minute dans la poêle bien chaude sur le côté peau. La peau va être bien dorée et croustillante. La chair du saumon elle restera crue et presque froide sur le dessus et de plus en plus chaude et cuite au contact de la peau.

Éponger la peau du saumon avec un papier absorbant et détacher celle-ci de la chair. Servir immédiatement dans une assiette chaude. Poser la peau côté « gras » de la peau sur la pomme de terre.

On peut utiliser d'autres saumons mais celui de l'Adour qui ne dure qu'un instant est un produit exceptionnel. On peut aussi ajouter quelques gouttes d'huile d'olive sur le saumon.

Image
Hélicrysum italicum

Ingrédients
2 tomates green zebra
2 tomates andines cornues
2 tomates roses de Berne ou brandywine
2 tomates noires de Crimée ou black krun
2 tomates evergreen
1 tomate cœur de bœuf
1 tomate ananas ou striped german
1 gousse de vanille du Mexique
huile d'olive disisa ou latium
grains de sel de la Mer Rouge
vinaigre blanc d'alcool

Matériel
1 couteau effilé
1 bol inox
Film alimentaire
Papier absorbant

Vins
Patrimonio blanc « cuvée E. Croce », Leccia
Riche, exubérant, sud, très jolie maturité, rondeur, légèrement épicé.

TOMATES DE COLLECTION, VANILLE DU MEXIQUE, SEL DE LA MER ROUGE

Les tomates doivent être conservées à température ambiante, pédoncule en bas. Une tomate conservée au froid perd sa saveur.

Progression
Fendre la gousse de vanille en deux, gratter les graines à l'aide d'un couteau, les mettre dans le bol inox, ajouter 20 cl d'huile d'olive, bien mélanger, recouvrir d'un film alimentaire, laisser infuser 1 heure à température ambiante.

Passer rapidement les tomates sous l'eau froide, les rafraîchir dans un bol d'eau glacée quelques minutes.

Au moment de servir, couper les tomates en beaux quartiers, les disposer harmonieusement sur un plat en fonction de leurs couleurs et de leurs textures, les arroser de quelques gouttes (pas plus) de vinaigre blanc d'alcool, parsemer de grains de sel et quelques gouttes d'huile à la vanille.

Si vous le pouvez, ne couper les tomates qu'au dernier moment. Elles seront bien meilleures.

Image
tomate, collection russe

Ingrédients
1 kg de pommes de terre à chair ferme
800 g de lard frais avec la peau (prendre du lard de très grande qualité, d'un cochon que vous tutoyez, par exemple).
2 feuilles de laurier
1 belle carotte
1 demie botte de persil
1 brin de thym,
quelques grains de poivre et de coriandre concassés
quelques feuilles de livèche
20 belles palourdes
2 litres d'eau

Pour la détrempe : un peu d'eau et de farine

Matériel
1 belle cocotte STAUB noire
1 bol inox
1 planche à découper
1 couteau bien effilé
1 rasoir à légumes
1 grande casserole

Vins
Vin de table de France, Cuvée des vignes oubliées, Cyril Alonso
Vin de la vallée du Paradis, Maria Fita
Saint Chinian, Cuvée Olivier, Thierry Navarre

RAGOÛT DE PATATES ET LARD DE COCHON, SALÉ DE PALOURDES

Marier la mer, la terre et le gras céleste, tel est le projet de ce plat un peu canaille et néanmoins maritime.

Progression
Couper le lard en deux parties égales.

Éplucher les pommes de terre au rasoir à légumes.

Placer les palourdes dans un bol inox rempli d'eau froide pour les dégorger de leur éventuel sable.

Faire un court bouillon avec l'eau, une demi carotte et un/deux brins de persil, une feuille de laurier, la livèche et quelques grains de poivre et de coriandre concassés. À ébullition, réduire le feu au frémissement et plonger le lard dans ce bouillon pour environ une heure. Couper le feu et laisser le lard reposer dans son bouillon.

Donnez un peu de feu à la cocotte en fonte. Lorsqu'elle est bien chaude, disposer le lard entier, la feuille de laurier, la belle carotte émincée et le brin de thym, quelques grains de poivre et de coriandre concassés ; rôtir tendrement le lard sur toutes les faces et notamment le côté « gras » pour qu'il fonde légèrement. Donner de la couleur. Sortir le lard et le couper en tranches épaisses. Mouiller avec un peu de bouillon et disposer les pommes de terre coupées en dés assez gros. Poser le lard dessus et fermer le couvercle. Faire une détrempe avec un peu d'eau et de farine de blé et lutter la cocotte. Cuire 1 heure dans un four à 180 °C.

Passez le porc cuit au court bouillon à la salamandre pour le caraméliser sur le dessus (côté gras).

Sortir la cocotte du four en faisant bien attention de na pas vous brûler. Enlever le « luttage » et ouvrir le couvercle. Placer les palourdes sur les pommes de terre et refermer le couvercle pour 5 minutes. Les palourdes vont s'ouvrir et livrer leurs jus iodés et salés à ce ragoût.

Couper les deux morceaux de cochon, le croustillant et le mou et servir une belle tranche de chaque. Vous pouvez amener la cocotte sur table : elle le mérite.

Parsemer vos pommes de terre d'un peu de feuilles de persil plat.

Ingrédients
800 g de bulots
1 jus de poulet
8 petites pommes de terre de l'île d'Yeu ou de Noirmoutier
40 feuilles de persil plat
1 piment de Cayenne
le jus d'un demi-citron de Menton
4 cuillères à café d'huile d'olive
fleur de sel d'Yeu, de Ré ou de Noirmoutier

Matériel
1 couteau effilé et bien aiguisé
1 bol inox
1 zesteur
1 planche à découper
papier absorbant

Vins
Gamay, Prieuré Roch
Pouilly-fuissé clos M. Noly, Valette

SALADE DE BULOTS, PATATES ET PERSIL PLAT, ASSAISONNÉE D'UN JUS DE POULET

Ce plat se mange tiède, le contraste des textures « molles » avec le feuillu du persil très présent et le corsé citronné du jus de poulet en fait un plat très excitant pour nos papilles.

Progression
Cuire les bulots au court bouillon ou au four vapeur, pimentez les légèrement. Vous pouvez aussi les acheter déjà cuits chez votre poissonnier. Si celui-ci dispose d'un four vapeur haute pression c'est gagné pour le moelleux de vos bulots.

Cuire les pommes de terre avec la peau à la vapeur.

Râper les zestes du demi-citron et presser son jus, le tout dans le bol inox.

Sortir les bulots tièdes de leur coquille et les couper en deux s'ils sont gros, pour obtenir l'équivalent d'une petite bouchée.
Peler les pommes de terre tièdes et les couper en rondelles de 5 cm d'épaisseur.
Rincer le persil sous l'eau froide et prélever une quarantaine de feuilles (sans tige).

Faire chauffer et bouillir les jus de poulet. Il doit être assez concentré. Le sortir du feu, y versez le jus de citron et les zestes.

Dresser l'équivalent de 2 cuillères à soupe de bulots et 2 pommes de terre par assiette, verser un peu de jus de poulet bouillant sur l'ensemble puis disposer les feuilles de persil. Assaisonner d'une cuillère à café d'huile d'olive et d'un peu de fleur de sel.

Ingrédients
4 maquereaux (raide comme…)
1 citron vert
1 cuillère à soupe gingembre frais râpé (sans la peau)
2 tiges de cive
1 trait de soja
1/4 de cuillère à café de moutarde forte
1 pincée de sel Maldon sea salt

Matériel
1 couteau effilé et bien aiguisé
1 râpe à zeste
2 bols inox
1 presse agrume
2 boîtes en PP alimentaire
papier absorbant, cellofrais

Vins
Cheverny frileuse, Clos Tue bœuf
De la fraîcheur et du fruit, simple et absolument délicieux

MAQUEREAUX DE L'INSTANT
LE MAQUEREAU DE L'ALPHA À L'OMÉGA 3

Le secret de cette recette réside dans son titre : les maquereaux doivent êtres préparés à l'instant, c'est-à-dire quelques minutes avant de les servir. Merci Raquel de m'avoir un jour fait découvrir le bonheur de savoir manger un maquereau cru.

Progression
Faire lever les filets des maquereaux (en 2 filets en avec la peau) chez votre poissonnier. Les réserver au frais le plus vite possible.

Pour préparer leur assaisonnement
Zester la moitié du citron vert et conserver de suite les zestes au frais dans du papier aluminium ou du cellofrais. Presser le jus du citron dans un bol inox. Y ajouter la moutarde et bien mélanger pour obtenir une préparation parfaitement liquide. Ajouter le gingembre et le soja. Bien mélanger. Réserver au frais.

Sortir les maquereaux du frigo et placer les petites coupes en verre de service dans votre congélateur.

Avec votre couteau bien effilé et aiguisé levez les filets de maquereaux de la peau. Faites cela en faisant glisser un long couteau entre la chair et la peau en partant de la marque de l'arête centrale (entre le filet du dos et les filets du ventre) et perpendiculairement au filet. Tourner le reste de votre filet et recommencer. Couper ensuite les filets de chair ainsi obtenus tous les 2 cm.

Sortez vos coupes en verre du congélateur. Placez-y les morceaux de maquereaux, puis ajouter l'équivalent de 2 cuillères à café de la sauce et saupoudrer d'un peu de zeste de citron vert et de la cive hachée. Servez et manger immédiatement.

Pour que le maquereau n'ait pas de goût oxydé – ce goût un peu fort « fishy » comme disent les Anglo-Saxons, il faut prendre soin de faire lever les filets avec la peau lors de l'achat. C'est l'arête du poisson qui contribue à accélérer la propagation de ces arômes têtus et peu élégants.

Ingrédients
4 pommes de terre
Franceline
20 copeaux de Jabugo
1 cuillère à soupe d'huile
d'olive

Matériel
1 cuit vapeur
1 poêle antiadhésive
1 couteau effilé et
bien aiguisé
papier absorbant

Vins
Bellet, Massa
Bière La Loirette,
Hardoin frères
Pétillan chute derain,
Derain

PATATES POÊLÉES Y JABUGO

Progression
Faire cuire les pommes de terre avec leur peau à la vapeur. Attention à ne pas trop les cuire.

Lorsqu'elles sont tièdes, les dérober et les couper, chacune, en cinq tranches d'environ 1 cm d'épaisseur.

Poêler délicatement dans l'huile d'olive chaude, ces rondelles de pomme de terre. Lorsqu'elles sont bien dorées, les réserver quelques instants sur du papier absorbant.

Poser deux ou trois tranches de pomme de terre très chaude par assiette et déposer immédiatement mais délicatement sur chacune de ces tranches les copeaux de Jabugo.

Laisser quelques minutes, les fines tranches de Jabugo tiédir et parfumer les pommes de terre, avant de servir.

Le Jabugo joue ici le rôle du sel et de gras pour la pomme de terre. Elle en échange lui donne sa chaleur pour exhumer l'arôme de ce jambon si particulier.

Image
pommes de terre
œil de perdrix

Ingrédients
300 g de tendron de veau
300 g de carotte d'épaule de veau (jumeau gélatineux d'épaule)
300 g de paleron de veau
300 g de nerveux de gîte (morceau juste après le jarret)
2 os de veau coupés en 2
200 g de poitrine paysanne coupée en gros morceaux
150 g de poitrine demi-sel coupée en gros lardons
1 gros oignon doux des Cévennes piqué de clou de girofles
1 blanc de poireau
1 feuille de laurier
5 grains de piment de la Jamaïque
5 grains de poivre blanc
3 pincées de fleur de sel
20 g de beurre
20 g de farine
100 g de crème épaisse
1/2 jus de citron
150 g de champignon de Paris (très petit)
150 g d'oignons grelots

Matériel
1 grand faitout
1 couteau effilé et bien aiguisé
1 poêle
1 cocotte minute (pour le risotto)
1 écumoire
papier absorbant

Vins
Châteauneuf du pape, Château Rayas blanc
L'expression pure du terroir, un blanc minéral, noisetté

BLANQUETTE DE VEAU DE MAMAN

Le plaisir de marier ainsi des viandes différentes, pour des goûts et des textures.

Progression

Déposer les viandes de veau dans le faitout, recouvrir d'eau froide, ajouter les os, le laurier, le blanc de poireau et l'oignon clouté, saler et mettre toutes les épices en grains. Porter très doucement à ébullition, écumer les impuretés aussi souvent qu'il le faut. Cuire à tout petit bouillon environ deux heures

L'idéal est de le cuire la veille. Cela permet de bien dégraisser le bouillon et de réserver les viandes dans un peu de bouillon juste pour les remettre à température avant le service. Conserver une partie du bouillon pour le faire réduire et monter la sauce. Enfin garder la plus grande partie du bouillon pour faire le risotto qui va accompagner avec bonheur cette blanquette.

Faire un roux blanc avec le beurre et la farine, ajouter 2 g de fleur de sel et poivrer. Détendre avec 3 bonnes louches de bouillon réduit et laisser mijoter doucement.

Passez la sauce au chinois pour la rendre lisse.

Rissoler la poitrine paysanne dans la poêle, environ 20 minutes, déglacer les sucs avec 2 cuillères à soupe de bouillon, débarrasser le lard cuit et filtrer ce jus avant de l'ajouter au roux blanc pour corser le goût. Chauffer le lait et la crème, citronner et ajouter cette préparation au roux. Pocher les oignons grelots, les lardons et les champignons et égoutter cette « garniture à l'ancienne ».

Cuire le riz comme pour un risotto et surtout comme le fait la génialissime Frédérik e. GRASSER.

Dans votre cocotte minute faire chauffer 3 cuillères à soupe d'huile d'olive et l'oignon émincé, laisser fondre l'oignon sans coloration.

Nacrer le riz (l'équivalent de 2 verres). Verser un demi-verre de Savagnin et 1 litre de bouillon bouillant.

Fermer votre cocotte et cuire 4 minutes à compter du premier sifflement

Décompresser votre cocotte et monter le riz avec 50 g de beurre.

Dans les assiettes creuses, disposer le riz, recouvrir avec les viandes et répartir la garniture. Saler les champignons à la fleur de sel et poivrer au poivre blanc. Napper très généreusement de la sauce. Servez très chaud.

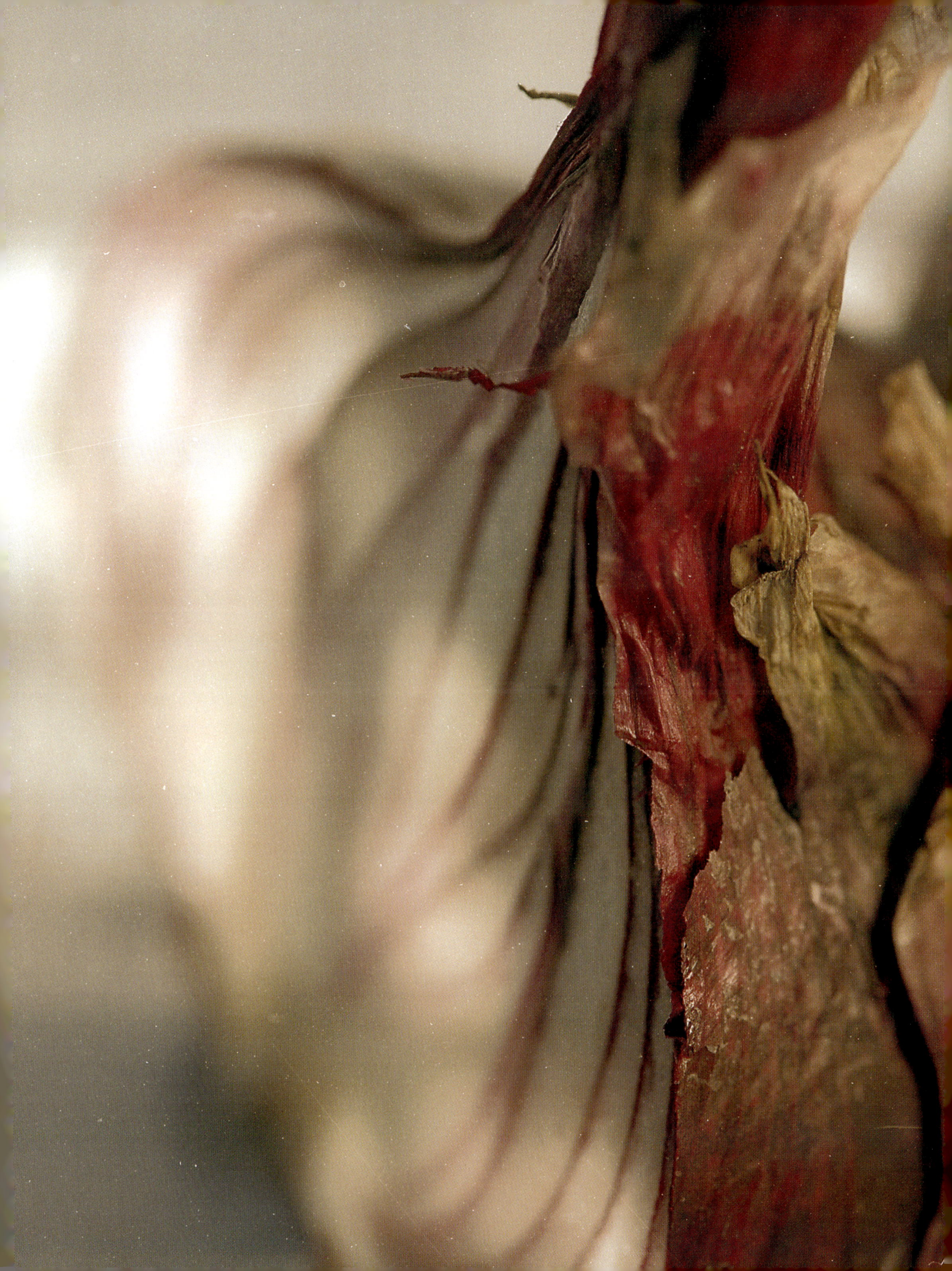

Ingrédients
1 kg de fraises Mara des bois
20 g de sucre semoule
1/4 du jus d'une orange de Séville
20 g de beurre cru
2 poivres à queue cubada
1 demi-citron

Matériel
1 casserole
2 bols inox cul de poule, un grand un moyen

Vins
Grenache vdn, Navarre
Exubérant, aérien, brillant, rare expression de petits fruits rouges

SALADE DE MARA DES BOIS, CHAUDES ET FROIDES, ASSAISONNÉES DE POIVRE À QUEUE

Progression
Équeutez vos fraises sans les laver. Si elles sont terreuses, lavez les délicatement et rapidement sous un filet d'eau froide avant de les équeuter.

Réserver la moitié des fraises dans un cul de poule inox au réfrigérateur. Couper les autres en deux dans le sens de la longueur. Faites mousser le beurre dans une poêle, et faites rapidement revenir le reste des fraises avec le sucre et le jus d'orange. Il ne faut pas les cuire, juste les poêler 1 ou 2 minutes à feu assez doux.

Dans de belles assiettes blanches, placez un cercle à pâtisserie et disposez au fond quelques demies fraises poêlées. Dessus, installez comme pour une tartelette les fraises crues en rond.
Poivrez avec un peu de poivre à queue juste concassée et rectifiez de quelques gouttes de citron.

Image
araignée des bois

Image
fleur de coriandre,
Coriandrum sativum

FEUILLES, PLANTES, GRAINES, RHIZOMES ET RACINES

Merci à François Couplan, ethnobotaniste, spécialiste des utilisations traditionnelles des plantes sauvages et cultivées, diplômé de l'École Pratique des Hautes Études, docteur-ès-sciences Muséum National d'Histoire Naturelle à Paris qui a bien voulu relire ce texte et corriger mes erreurs de débutant.

Les feuilles, plantes, graines, rhizomes et racines sont les éléments déterminants d'une cuisine saine et gourmande. De plus en plus présentes sur les étals des marchés, je vous propose de les apprivoiser au travers d'une liste non exhaustive assaisonnée de mes commentaires et expériences.

Achillée millefeuille – *Achillea millefolium*
Dite herbe aux charpentiers, on l'utilisait autrefois pour la conservation du vin. Au printemps, à ajouter absolument les toutes jeunes feuilles à vos salades.

Ail – *Allium sativum*
Lorsque Satan quitta le jardin d'Eden, de ses premiers pas naquirent l'ail puis l'oignon.
L'ail est divers comme la cuisine qu'il engendre. Ail blanc argenté, ail rouge de Provence, ail d'Arleux, ail rose de Lautrec, ail violet de Cadour, ail rouge de Vendée.
J'utilise beaucoup l'ail « en chemise » c'est-à-dire dans sa peau.

Ail des ours – *Allium ursinum*
Petite plante vivace très odorante, elle s'abrite dans les forêts. Ne pas la confondre avec le muguet (toxique), auquel elle ressemble. Elle tire sont nom de son odeur et goût d'ail très subtil et du fait que les ours aimeraient s'y rouler pour chasser puces et autres parasites.

Amarante – *Amaranthus caudatus*
Cette plante est la céréale des Incas. Cultivée pour ses graines, je lui préfère ses jeunes feuilles aux saveurs légèrement piquantes.

Aneth odorant – *Anethum graveolens*
Aromatique il pousse modestement le bord des chemins et terrains vagues. À utiliser avec modération pour son arôme bien moins modeste.

Angélique – *Angelica archangelica*
Outre les propriétés médicinales qu'on lui confère depuis le Moyen Âge, l'herbe aux esprits est aussi la bonne compagne des mescluns.

Anis étoilé – *Illicium verum*
Très apprécié des Chinois, l'anis étoilé (ou badiane) est un arbuste. Je l'utilise peu, sauf pour le gravelax de bœuf, ses arômes sont très prégnants.

Armoise – *Artemisia vulgaris*
C'est à Artémis, déesse lunaire des Grecs qui se confond avec la Diane des Romains, que l'armoise doit son nom savant et son nom courant. Considérée comme la « plante féminine » par excellence elle est aussi agréable en contrepoint de salades.

Baselle – *Basella rubra*
La baselle ou épinard malabar ou indien se consomme comme les épinards, plutôt crue en salade ou juste tombé. Très riche en vitamines et oligo-éléments (surtout potassium, calcium et magnésium). On peut aussi utiliser les fruits (à préparer comme les cornichons).

Basilic (du grec *basilikon*, signifiant plante royale) – *Ocimum basilicum*
Ses feuilles sont de couleur verte, rougeâtre ou pourpre. Le basilic est l'herbe par excellence pour relever les tomates et les pâtes alimentaires. Il aromatise délicatement l'huile, potages et sauces.

Benoîte commune – *Geum urbanum*
Ses feuilles sont consommées en salade, potage ou légume. Les racines peuvent remplacer les clous de girofle.

Berce – *Heracleum sphondylium*
Dite aussi patte d'ours, ses jeunes pousses se mangent cuites. L'alcoolature des graines a des propriétés aphrodisiaques. La berce est utilisée dans la fabrication d'une bière très prisée des pays nordiques.

Bourrache officinale – *Borago officinalis*
Ses feuilles ont un léger goût de concombre et ses petites fleurs en forme d'étoile aux cinq pétales bleu violet sont iodées, presque comme une huître. J'aime l'associer à des tartares de poissons ou des cevices.

Campanule raiponce – *Campanula rapunculus*
Autrefois, elle était cultivée comme légume dans les potagers. Ses racines, tendres et charnues, sont

consommées crues ou cuites à la façon des carottes. Les feuilles peuvent être servies en salade.

Capselle bourse-à-pasteur – *Capsella bursa-pastoris*
Suspendue au cou des moutons cette plante commune des chemins les rend invisible aux loups d'Irlande et elle condimente avec subtilité des blancs de poulets.

Capucine – *Tropaeolum majus*
Son ancienne appellation cresson d'Inde, nous rappelle que ses feuilles sont comestibles, avec un goût piquant, parfumé presque poivré. J'aime ses fleurs un peu plus sucrées, elles sont aussi formidables au milieu d'une salade.

Cannelle – *Cinnamomum zeylanicum*
Poudre de l'écorce séchée du cannelier. Originaire de l'Inde, cet aromate donne une odeur suave et pénétrante aux plats et à de nombreux desserts.

Cardamine – *Cardamine pratensis*
Son goût de cresson la rend merveilleuse en salade ou assaisonnée d'un jus de poulet.

Cardamome – *Elettaria cardamomum*
Plante d'Asie dont les graines sont odorantes et de saveur poivrée. Indispensable pour un curry de poulet, par exemple.

Celtuce (**laitue asperge**) – *Lactuca sativa var. asparagina*
Les jeunes feuilles en salade.

Cerfeuil – *Anthriscus cerefolium*
Plante aromatique cultivée comme condiment. Sa saveur légèrement anisée en fait un aromate particulièrement raffiné.

Cerfeuil musqué – *Myrrhis odorata*
Plante aromatique anisée.

Chénopode vient du Grec *chên*, **oie et podion** (**diminutif de pous, pied**)
La famille des chénopodiacées comprend nombre de plantes utiles : l'épinard, la betterave rouge et sucrière, la bette mais aussi les salicornes, les arroches, les chénopodes.
Le chénopode Bon-Henri, *Chenopodium bonus-henricus* (Ansérine Bon-Henri) est l'un des plus commun. Le qualificatif Bon-Henri vient de l'estime accordée à cette plante. C'est « l'épinard sauvage ».

Chrysanthème – *Chrysanthemum coronarium*
La fleur d'or, comme l'indique son nom venu du grec, illumine nos brouillards de novembre et nos mescluns d'hiver.

Ciboulette commune – *Allium schoenoprasum*
Je l'utilise le plus souvent lorsqu'elle est en fleur pour son arôme d'ail délicat, floral.

Citronnelle – *Cymbopogon citratus*
La citronnelle (ou jonc odorant) a une douce saveur citronnée et un bulbe ferme. Génial sur les poissons crus.

Claytone de cuba – *Montia perfoliata*
Ses petites feuilles en forme de cornet égayent nos salades et nos mescluns.

Clous de girofle – *Syzygium aromaticum*
Boutons desséchés des fleurs du giroflier, arbre tropical originaire de l'Indonésie. Cette épice à saveur piquante ressemble à un petit clou, attention un ou deux suffisent largement.

Coriandre – *Coriandrum sativum*
Baptisé souvent persil arabe à l'odeur légèrement musquée et citronnée, quel bonheur lorsqu'il est en fleur.

Cresson Alénois – *Lepidium sativum*
Son goût piquant et moutardé en fait l'un des « condiments » que je préfère dans les mescluns d'hiver.

Cresson de fontaine – *Nasturtium officinale*
Connu dès l'Antiquité pour ses vertus médicinales, le cresson est une plante aquatique comestible classée parmi les crucifères, au même titre que les navets, les choux ou la moutarde.

Cumin des prés, carvi – *Carum carvi*
L'une des racines de l'hiver, pour agrémenter un pot au feu et ravir nos palais.

Échalote – *Allium ascalonicum*
Cuisse de poulet, échalote de Jersey ou échalote grise, l'échalote est toujours à utiliser avec parcimonie.

Épilobe – *Epilbium angustifolium*
Les jeunes feuilles en salade.

Estragon – *Artemisia dracunculus*
Plante potagère aromatique que j'utilise comme condiment et assez peu, il faut bien le dire.

Fenouil commun – *Foeniculum vulgare*
Il pousse partout du moins dans le Midi et sur le

littoral, au bord des routes, dans les champs, j'aime l'odeur anisée qui s'en émane.

Ficoïde glaciale – *Mesembryanthemum crystallinum*
Son nom signifie « fleur de midi » en grec. Elle doit son aspect givré aux minuscules petites vésicules translucides gorgées d'eau. J'aime son goût acidulé et légèrement salé en salade.

Gaillet – *Galium verum*
La plante contient de la présure qui fait cailler le lait (d'où son nom). Je l'emploie pour la préparation de fromage aux textures très légères.

Gingembre – *Zingiber officinale*
Ce rhizome est l'épice la plus consommé au monde après le poivre. J'aime l'idée qu'elle est aussi la base de la médecine chinoise pour ses qualités multiples : notamment contenir beaucoup de vitamine C et surtout une essence aromatique très puissante.

Helichrysum – *Helichrysum italicum*
Lorsque par une belle fin d'après-midi d'été l'air embaume le curry c'est lui le responsable. Pour fumer des rattes, un délice. L'utiliser avec une grande modération, il est très amer.

Laiteron – *Sonchus oleraceus*
Dit aussi laiteron maraîcher, laitue de lièvre, lait d'âne, chardon blanc, luceron.
Ses feuilles s'utilisent en salade.

Laurier – *Laurus nobilis*
Arbuste de la région méditerranéenne, à fleurs blanchâtres et à feuilles persistantes utilisées comme condiment. Toxique à très haute dose, mais j'aime l'utiliser avec les poissons.

Lierre terrestre – *Glechoma hederacea*
C'est Annie Bertin qui m'a fait découvrir ce lierre qui n'en est pas un : pour un mesclun de salades d'hiver Miam Miam.

Liseron d'eau – *Ipomoea aquatica*
Feuilles délicates, pointues, d'un vert tendre, à saveur douce comme des feuilles d'épinards.

Livèche officinale – *Levisticum officinale*
L'essayer c'est l'adopter, le mélange ultime des saveurs du céleri et de l'estragon ; pour une béarnaise, c'est le top.

Mauve – *Malva sylvestris*
Les feuilles sont à consommer en salade ou en potage.

Marjolaine – *Origanum marjorana*
L'odeur et la saveur de la marjolaine rappellent la menthe et le basilic. Quelques feuilles parsemées sur une salade de mesclun pour une saveur estivale et fraîche.

Mélisse officinale – *Melissa officinalis*
Ses feuilles aux saveurs citronnées parfument nos salades de printemps.

Menthe – *Mentha piperita*
À éviter, pour la feuille de menthe dans les desserts en décor, comme tout décor d'assiette qui ne sert à rien, d'ailleurs. En revanche une belle salade de pommes de terre avec une menthe pouliot ou une tisane menthe citronnée ou ananas ou au choix l'une de ses deux mille cinq cents variétés.

Mizuna et Mibuna – *Brassica rapa var. nipposinica or var. japonica*
Le Mizuna ou Dendragone est un légume feuille doux avec des feuilles décoratives vert clair finement pennées aux nervures blanchâtres. Elle est apparentée à la rave d'hiver, croît rapidement et a un léger goût acide jusqu'à moutardé. Ce légume se consomme cru en salade ou cuit à la vapeur.

Moutarde des champs – *Sinapis arvensis*
Quelques feuilles en contrepoint de saveur dans une salade…

Mouron des oiseaux – *Stellaria media*
Indispensable aux mescluns d'hiver, son goût à peine terreux noisetté, maïs sucré vante la brume et l'hiver qui approche.

Muscade – *Myristica fragrans*
Fruit du muscadier dont la graine (noix de muscade) est utilisée comme condiment. J'aime la deuxième écorce de muscade qui se nomme le macis et parfume délicatement les légumes.

Nombril de Vénus – *Umbilicus pendulinus*
Les feuilles grasses et glabres ponctuent nos salades.

Oignon – *Allium cepa*
Rouge bronzé d'Amposta, rosé de Roscoff, rouge de Florence, blanc de Naples, blanc hâtif de Paris, doré de Parme, blanc gros de Rebouillon, cébette, oignon de Bâle gros paille, Jaune paille de vertu, oignon doux des Cévènes et son récent cultivar oignon doux de Carrière, tous sont dans ma nature.

Origan – *Origanum vulgare*
Je l'utilise séché et non pas frais. C'est Tony Vianello

un grand chef Italien, qui m'en donne : il le tient de l'un de ses oncles.

Ortie – *Urtica dioica*
Son piquant urticant disparaît environ trente minutes après qu'elle a été coupée. C'est alors une herbe aromatique puissante et délicate à la fois.

Oseille pourpre – *Rumex montanus var. purpurea*
L'acidité de l'oseille et une belle couleur pourpre en plus ! Faire « tomber » dans un peu de beurre cru pour accompagner une côte de bœuf par exemple.

Pâquerette – *Bellis perennis*
Les feuilles sont consommées en salade (par exemple avec des pissenlits), potage et légume. Autrefois, ses capitules étaient confits au vinaigre.

Persil plat – *Petroselinum crispum*
Que dire du persil sinon qu'il est indispensable aux goûts !

Persil bulbeux – *Petroselinum crispum var. rapaceum*
Une racine idéale pour les cuisines d'hiver.

Piment Jalapena – *Capsicum frutescens*
Ce piment de forme ovoïde en son extrémité est vert ou rouge lorsqu'il est mûr. Son piquant puissant n'est pas brûlant, c'est une merveille d'arômes et de peps sur un ceviche par exemple.

Pissenlit officinal – *Taraxacum officinale*
La plus belle des salades d'hiver. Belle allons voir le pissenlit ce matin qui avait éclos…

Plantain – *Plantago media*
Les jeunes feuilles crues, s'ajoutent aux salades. Leur goût rappelle vaguement celui de champignons auxquels on aurait ajouté une pointe d'oseille.

Poivre – *Piper nigrum*
Condiment à saveur piquante formé par le fruit (poivre noir) ou la graine (poivre blanc) du poivrier. Les graines de poivre vert, noir ou blanc correspondent à différents stades de mûrissement. Malabar d'Inde, cubeb, noir du Kerala, rouge Pondichery, de Selim, de Tasmanie, lampung d'Indonésie, Sarawak de Malaisie, muntok d'Indonésie, moungo du Cameroun, tous ces poivres sont exceptionnels Ne les utiliser qu'en baies entières à moudre au dernier moment pour pleinement profiter des subtilités de leurs arômes.

Poivre d'eau – *Polygonum hydropiper*
J'utilise les jeunes feuilles pour leur goût piquant.

Pourpier sauvage – *Portulaca oleracea*
L'acidité et la fraîcheur liquide d'une feuille de pourpier vous réconcilient pour la vie avec la nature.

Pourpier cultivé – *Portulaca oleracea var. sativa*
L'acidité et la fraîcheur liquide d'une feuille de pourpier et en plus une épaisseur, une mâche.
Le servir avec du yogourt tout simplement et un peu de poivre moungo.

Renouée bistorte – *Polygonum bistorta*
Au printemps, les feuilles de la base peuvent être cuites et incorporées à des potages ou des légumes. Les jeunes pousses, en salade.

Romarin – *Rosmarinus officinalis*
Non latin signifiant rosée de la mer, cet arbuste aromatique du littoral méditerranéen, à feuilles persistantes et à fleurs bleues exhale des arômes très balsamiques. Je l'aime bien associé à beaucoup d'ail et à un beau poulet cuit en morceaux et en cocotte.

Roquette sauvage – *Diplotaxis erucoides*
J'aime la ramasser sur le bord des chemins, chez moi à l'Ile d'Yeu. Cette plante vivace est à la fois salade et aromate !

Roquette commune – *Eruca sativa*
La blonde de Carrière « à trou » est ma préférée. Merci Joël !

Safran – *Crocus sativus*
Crocus cultivé pour ses fleurs, dont le stigmate fournit une teinture jaune et une poudre servant d'assaisonnement. C'est simplement dit, c'est aussi l'une des épices la plus chère du monde.

Sanguisorbe officinale – *Sanguisorba officinalis*
On emploie la pimprenelle ainsi que la petite pimprenelle (*Sanguisorba minor*) à l'état frais pour relever les salades. Leur goût rappelle celui du concombre.

Sauge – *Salvia officinalis*
Salvia cela veut dire sauver ! C'est tout un programme pour cette plante que j'aime aussi en tisane !

Serpolet – Thymus serpyllum
Cueillir du serpolet en fleur dans les champs par un beau mois de juillet ou d'août, c'est le souvenir de mon enfance…

Shiso – *Perilla frutescens*
C'est une des plantes de prédilection de la cuisine japonaise avec son odeur de curry marquée. Pas mal avec les poissons en sashimi.

Souci des jardins – *Calendula officinalis*
Fleurs jaunes comme le soleil, ces pétales illuminent les salades, ses étamines colorent en jaune d'or nos préparations de riz, nos crèmes et même nos aïolis.

Sumac – *Rhus coriaria*
Les corolles charnues et les baies de cet arbuste sont séchées et réduites en poudre pourpre ; mélangé à l'eau son acidulé en fait un égal du jus de citron pour les marinades.

Trèfle blanc – *Trifolium repens*
À consommer en salade ou en potage.

Thym – *Thymus vulgaris*
Plante vivace ligneuse, à très petites feuilles odoriférantes et utilisée comme aromate. Fleur de thym sur jeune agneau de lait des Pyrénées et voilà le printemps qui fleuri dans nos têtes.

Thym – *Thymus citriodora*
Plante vivace ligneuse, rampante, à très petites feuilles odoriférantes et citronnée.

Tomatillo – *Physalis ixocarpa*
Autrement nommé « tomate verte » par les Mexicains, son acidité puissante fonctionne à merveille lorsqu'il est cuit. On peut l'ajouter à la sauce chien ou autre salsa verde.

Topinambour – *Helianthus tuberosus*
L'un des meilleurs légumes racines de l'hiver à la saveur de l'artichaut.

Hélianti – *Helianthus strumosus*
Comme le topinambour, l'un des meilleurs légumes racines de l'hiver.

Vanille (**de l'espagnol** *vainilla*) – *Vanilla planifolia*
Gousse ou extrait du fruit du vanillier (orchidacée grimpante des régions tropicales) J'aime ses arômes pour pousser ceux de la tomate par exemple.

Verveine odorante – *Lippia triphylla*
L'odeur me transporte et m'apaise. Ah un sorbet citron et quelques feuilles de verveine fraîche…

Wasabi – *Wasabia japonica*
De la famille des moutardes, cette racine s'utilise fraîche et râpée. Son subtil mordant volatil est une pure merveille.

Image
menthe,
mentha piperita

GLOSSAIRE

Abaisser la pâte
Il faut que la pâte soit froide, bien froide, c'est le secret pour bien l'abaisser c'est-à-dire l'étendre ; n'hésitez pas à la remettre au froid plusieurs fois pour obtenir une pâte fine et bien abaissée.

Accommoder
Préparer un met en effectuant les transformations qui précèdent sa cuisson, l'assaisonner et le faire cuire.

Aiguiser
Affûter, un couteau bien sûr mais lorsque je parle d'aiguiser un plat il s'agit de le rendre plus tranchant et généralement cela concerne l'ajout d'acide tel que jus de citron ou vinaigre.

Balance
Elle est fondamentale pour la pâtisserie et bien utile aussi pour la cuisine du salé. Les petites balances électroniques jusqu'à 1 kg font merveille.

Bicarbonate de soude
Poudre alcaline que l'on achète en pharmacie. Utile pour adoucir l'eau de cuisson des légumes secs et conserver une couleur vive (fixer la chlorophylle) des légumes verts.

Blanchir
Plonger des légumes quelques minutes dans de l'eau en ébullition et salée ou contenant du bicarbonate de soude pour fixer leur chlorophylle.

Bol mélangeur ou bol inox
Il faut en avoir au moins deux ou trois. Pour la pâtisserie utiliser ceux qui ont un fond rond (comme un œuf) autrement baptisés « cul de poule ».

Casseroles
Il est important de disposer d'au moins deux ou trois casseroles à fond épais.

Cercle à gâteaux ou à tarte
Pratiques pour dresser les tartares ou riz ou autres légumes et viande dès que l'on veut leur donner une forme bien stricte dans l'assiette. Chez le cuisinier le cercle peut aussi prendre une forme carrée, rectangulaire ou triangulaire : c'est normal.

Cevice
Plat typique de la cuisine péruvienne à base de poisson cru mariné dans des jus d'agrumes, d'oignon cru et de piments.

Chinois
Passoire conique munie d'un manche.

Ciseler
Pratiquer des incisions obliques peu profondes à la surface d'un poisson. Pour les légumes ou fines herbes ils sont taillés en menus morceaux, fines lanières ou en dés minuscules.

Clarifier
Je l'emploi à propos de beurre. Il s'agit d'enlever la mousse qui se forme à la surface du beurre fondu et chaud. La caséine de lait.

Colorer
Pour une viande il s'agit de caraméliser ses sucs en surface en la cuisant à feux vifs.

Compoter
Laisser cuire très lentement une préparation de manière à ce que les ingrédients se réduisent en compote.

Concasser
Réduire une substance en morceaux grossiers (tomates en cubes plus ou moins gros ou poivre qui s'appelle alors mignonnette).

Concentrer
Réduire la teneur en eau d'une substance. Par cuisson par exemple.

Confire
Cuire un aliment en vue de le conserver. Le cuire par exemple dans sa graisse (confis de canard) ou dans du vinaigre (chutney) ou du sucre (confitures).

Débarrasser
Changer une préparation de récipient en la transvasant de l'ustensile de cuisson à celui de préparation pour la laisser refroidir ou la réserver.

Décoction
Extraction des principes d'une substance par ébullition.

Déglacer
Faire dissoudre les sucs de cuisson par ajout d'une substance liquide (eau, vin, crème…).

Dérober
Enlever les peaux (ou robe) des rêves quand on les a sorties de leur gousse. J'emploie ce mot au sujet des pommes de terre pour dire « peler ».

Détendre
Assouplir une pâte ou une préparation avec un peu de liquide.

Détrempe
Mélange d'eau et de farine.

Dresser
C'est le terme que l'on emploie pour disposer les mélanges ou préparation dans une assiette ou sur un plat.

Duxelles
Hachis de champignons de Paris avec oignon et échalotes étuvées dans du beurre.

Ébarber
Couper avec un ciseau les nageoires d'un poisson cru.

Écailler
Débarrasser le poisson de ses écailles.

Écumer
Enlever l'écume qui se forme à la surface d'un liquide en train de cuire.

Effiler
Éplucher les haricots verts en cassant du bout des doigts leurs deux extrémités en enlevant leurs fils éventuels.

Émincer
Couper en tranches, en lamelles ou en rondelles plus ou moins fines.

Émulsion
Préparation obtenue en dispersant un liquide dans un autre pour qu'il ne se remélange pas. La girafe est précieuse pour cela.

Éplucher
Débarrasser les légumes de leurs parties non comestibles (la peau par exemple).

Étuver
Cuire un aliment, à couvert avec très peu de matière grasse et à feu doux.

Exprimer
Éliminer par pression, l'eau de végétation, le jus ou tout liquide en excès dans une préparation.

Fileter
Lever les filets d'un poisson.

Fouler
Passer une sauce, une purée ou un potage au travers d'un chinois ou d'une mousseline.

Frapper
Refroidir rapidement (avec de l'eau et de la glace par exemple).

Gourmander
Au sens du *Littré gourmand* signifie réprimander, gronder… J'ai détourné ce mot pour lui donner un « contre sens » vivant et sensuel : rendre gourmand.

Habiller
Préparer avant cuisson une volaille, un gibier ou un poisson, (pour un gibier ou une volaille, le plumer, l'éplucher et le flamber ; pour un poisson, l'ébarber, l'écailler, le vider et le laver).

Infuser
Verser un liquide bouillant sur une plante aromatique.

Julienne
Façon de préparer les légumes en les coupant en bâtonnets de taille régulière.

Lier
Donner une consistance supplémentaire à un met en fin de cuisson (une blanquette par exemple).

Lutter
Clore hermétiquement une cocotte ou tout ustensile de cuisson par une détrempe (mélange de farine de blé et d'eau).

Mandoline
Coupe-légumes composé d'une lame tranchante en acier inoxydable et d'une partie en plastique. Utile pour émincer oignons, échalotes, légumes : attention aux doigts.

Mirepoix
Préparation crée au XVIIIe siècle par le duc de Levis-Mirepoix, la mirepoix associe légumes, jambon cru ou du lard maigre pour enrichir la cuisson de viandes, gibiers, poissons ou mêmes légumes et crustacés telles que les moules.

Mise en place
Préparation à l'avance des ingrédients d'une recette. Éplucher les légumes, lever les filets d'un poisson, etc.

Mixeur plongeant – Girafe
La lame se trouve au bout du manche et permet de mixer, d'émulsifier, d'homogénéiser, toutes vos sauces, crèmes, purées…

Monder
Retirer la peau d'un fruit (amande, pistache, tomates) que l'on a d'abord mis dans une passoire et plonger quelques secondes dans de l'eau bouillante.

Monter
Battre au fouet (pour des blancs d'œufs ou des sauces).

Mortier
Récipient très solide, le plus souvent en pierre ou en marbre qui permet à l'aide de son pilon d'écraser ail, et herbes. On appelle ce geste, cette façon de tourner pour réduire en purée, *pister* en provençal c'est de là que vient pistou.

Mouiller
Ajouter un liquide dans une préparation culinaire.

Pincer
Faire colorer au four des os ou carcasses ou légumes aromatiques.

Réserver
Mettre une préparation ou un ingrédient de côté, le plus souvent dans une boîte étanche et au réfrigérateur avant de le reprendre au cours de la recette.

Rafraîchir
Faire couler de l'eau froide sur un mets que l'on vient de blanchir ou de cuire à l'eau pour stopper la cuisson et finir de fixer la chlorophylle.

Salpicon
Préparation composée d'éléments taillés en dés.

Singer
Poudrer de farine des éléments revenus dans un corps gras avant de les mouiller avec un liquide.

Spatules et Maryse
En bois ou en silicone, elles sont utiles à toutes les préparations.

Thermomètre électronique
Le laser est idéal pour mesurer ce qui se passe dans une casserole, cocotte ou four et en plusieurs points.

Tomber
Réduire le volume de certains végétaux très aqueux en les faisant cuire à feu doux avec ou sans matière grasse.

Tourner
Donner une forme régulière à l'aide d'un couteau aux légumes par exemple.

Turbiner
Faire prendre au froid une préparation de glace ou de sorbet.

Verjus
Suc acide de raisin vert.

Vider
Retirer les viscères d'un poisson ou d'une volaille.

Zeste et zester
Le zeste est l'écorce colorée des agrumes. Attention il faut toujours éviter de prendre la peau blanche des agrumes qui généralement est très amère ; pour cela un petit zester en métal aux trous bien affûtés sera indispensable.

Image
pois mange-tout
et carottes nouvelles

BIBLIOGRAPHIE

Arasse 2001
Arasse, Daniel, *Anselm Kiefer*, éditions du Regard

Arasse 2000
Arasse, Daniel, *On n'y voit rien*, Gallimard « Folio essais »

Arendt
Arendt, Hannah, *Condition de l'Homme moderne*, Pocket « Agora »

Chauvet, 1997
Chauvet, Jules, *Jules Chauvet ou le talent du vin*, Le Rocher

Couplan, 2005
Couplan, François, *Ce sont les plantes qui sauvent les hommes*, Plon

Couplan, 1999
Couplan, François, *Condiments et Epices du monde*, Delachaux et Niestlé

Couplan, 2003
Couplan, François, *Encyclopédie des plantes en trois volumes*, Equilibres

Garnier, 1995
Garnier, Gilbert, *Histoire sociale et culturelle du vin*, Bordas

Grasser-Hermé 2001
Grasser-Hermé, Frédérick e., *Mon chien fait recette*, Noésis

Grasser-Hermé 2000
Grasser-Hermé, Frédérick e, *Délices d'initiés*, éditions Noésis

Grasser-Hermé 1994
Grasser-Hermé, Frédérick e., *La cuisinière du cuisinier Alain Ducasse*, Belin

Grasser-Hermé 2004
Grasser-Hermé, Frédérick e., *Super cocotte*, Hachette

Mikanowski 2003
Mikanowski, Lyndsay et Patrick, *Patates*, Flammarion

Mikanowski 1999
Mikanowski, Lyndsay et Patrick, *Tomates*, Du Chène

Bachès 2002
Bachès, Bénédicte et Michel, *Agrumes*, Ulmer

Steingarten 1997
Steingarten, Jeffrey, *The man who ate everything*, Vintage Books a division of Random House inc NY, Alfred a. Knopf inc.

Danneyrolles 2001
Danneyrolles, Jean-Luc, *Chronique d'un potager ; Un jardin extraordinaire*, Actes Sud

Vianello 1999
Vianello, Toni, *Le risotto, les liaisons gourmandes*, Le Rocher

Hermé 2000
Hermé, Pierre, *Secrets gourmands*, Noésis

Hermé 2002
Hermé, Pierre, *Mes desserts au chocolat*, Agnés Vienot éditions

Néauport, 1994
Néauport, Jacques, *Réflexions d'un amateur de vins*, La Guilde

Toussaint-Samat, 1994
Toussaint-Samat, Maguelone, *Histoire naturelle et morale de la nourriture*, Bordas

ADRESSES

Légumes

Joël Thiebault
joel.thiebault@wanadoo.fr
www.lehautdupanier.com

Le jardin des Blaques
Marie et Michel Pelisier
Route du Pont Julien
84480 Bonnieux
Tél. : 04 90 75 90 32
2druides@wanadoo.fr

Annie Bertin
Légumes de Blot
Marché des Lisses à Rennes, le samedi matin
Blot 35 140 Vendel
Tél. : 02 99 97 63 58

Jean Pierre Burnot
Marché de Roanne le mardi et vendredi matin

Domaine d'Argens (truffes)
Roger Boulot
Avenue Georges Pompidou
83300 Draguignan

Bruno Adonis
Hameau Le Parotier
84220 Lioux
Tel : 04 90 05 76 46
Mob : 06 84 24 85 44

Poissons

Poissonnerie Hennequin
3 quai Carnot
Port Joinville
85350 Ile d'Yeu
Tél. : 02 51 58 53 88
hennequin@yeunet.com

Poissonnerie du Dôme
Jean Pierre Lopez
4 rue Delambre
75014 Paris
Tél. : 01 43 35 23 05
Fax : 01 43 27 82 50

Poissonnerie Océanique
Dominique Maury
19 rue Mouton-Duvernet
74014 Paris
Tél. : 01 45 39 47 76 - Port 06 15 93 83 38

Roque (anchois au sel)
Guy Roque
40 rue de la Démocratie
66 190 Collioure
Tél. : 04 68 82 04 99
Fax : 04 68 08 01 25

Prat Ar Coum (huîtres)
Yvon Madec
Prat ar Coum
29 870 Lannilis
Tél. : 02 98 04 00 12
Fax : 02 98 04 49 79

Épices, épiceries

JM Thiercelin
Gourmanyat
3 rue Dupuis 75003 Paris
Tél. : 01 44 78 96 74
Fax : 01 44 78 96 75
contact@gourmanyat.com
Commandes en ligne :
http://www.gourmanyat.com

Oliviers & Co (O & co)
Olivier Baussan
28 rue de Bucci
75006 Paris
Tél. : 08 00 03 28 96

Gérard Vives
10 avenue Saint Promasse
04300 Forcalquier
Fax : 04 92 75 38 89
www.lecomptoirdespoivres.com

Comptoir d'Epicure
Épicerie da Rosa
62 rue de Seine
75006 Paris

Volaillers Gibiers

Le Cros de la Géline
Patrick Lucas
16 chemin de Cros
81 110 Arfons
Tél. : 05 63 74 18 38
Fax : 05 63 27 16

Piétrement-Lambret et Cie
58 rue J.-J. Rousseau

75001 Paris
Tél. : 01 42 33 30 50

Pâtes italiennes et burrata

Moshi
Marché du président Wilson
Tél. : 06 14 56 14 40 – 01 46 58 56 90

Bouchers — Charcutiers

Régalez-vous Hugo Desnoyer
25 rue Mouton-Duvernet
75014 Paris
Tél. : 01 45 40 76 67

Joël Meurdesoif
8 rue Albert-Bayet
75013 Paris
Tél. : 01 42 16 81 83

Boucherie Michel Brunon
Marché d'Aligre
75012 Paris
Tél. : 01 43 40 62 58

Boucherie la charolaise
Michel Malavard
8 rue de la sous-préfecture
84 400 Apt
Tél. : 04 90 74 14 16

Fromages

Chévr'Oya
Madame Claudine Bernard
Route des Conches
85350 Ile d'Yeu
Tel 02 51 59 20 28

Marie Anne Quentin
12 rue du Champs de Mars
75007 Paris
tel 01 45 50 43 94

Chèvres de Saint Vrain
Ferme du gros poirier
Les mercredi et samedi au
Marché de l'Alma
avenue du Président Wilson
75006 Paris

Sundgauer Kas Kaller
Bernard Antony
5 rue de la Montagne
68480 Le Vieux Ferette
Tel 03 89 40 42 22 Fax 03 89
40 31 03

Fromagerie Hervé Mons
Halle Diderot
42300 Roanne
Tel 04 77 70 08 18 Fax 04 77
70 36 91

Picodon et Pelardon
Caroline Pilon
23 rue de la Sous-Préfecture
84400 Apt
Tel : 04 90 04 01 78

Boulangers

Le Boulanger de Monge
Dominique Saibron
123 rue Monge
75005 Paris
Tél. : 01 43 37 54 20

La Pain au Naturel
Boulangerie Moisan
5 place d'Aligre
75012 Paris
Tél. : 01 43 45 46 60

Cavistes

Caves Augé
116 Boulevard Haussmann
75008 Paris
Tél. : 01 45 22 16 97

Caves Miard
9 rue des quatre vents
75006 Paris
Tél. : 01 43 54 99 30

Caves du Septier
2 place du Septier
84400 Apt
Tél. : 04 90 04 77 38
Fax : 04 90 74 01 60

TABLE DES RECETTES

INDEX DES RECETTES

achever d'imprimer en août 2005
pour le compte d'*Agnès Viénot Éditions*
en Italie